农产品网络营销创新

卜 卓 编著

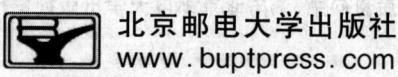

北京邮电大学出版社
www.buptpress.com

图书在版编目（CIP）数据

农产品网络营销创新 / 卜卓编著. -- 北京：北京邮电大学出版社，2025. -- ISBN 978-7-5635-7502-2

Ⅰ. F724.72

中国国家版本馆 CIP 数据核字第 2025W99C20 号

策划编辑：张向杰　　责任编辑：耿欢　刘颖　　责任校对：张会良　　封面设计：七星博纳	

出版发行：北京邮电大学出版社
社　　址：北京市海淀区西土城路 10 号
邮政编码：100876
发 行 部：电话：010-62282185　传真：010-62283578
E-mail：publish@bupt.edu.cn
经　　销：各地新华书店
印　　刷：保定市中画美凯印刷有限公司
开　　本：720 mm×1 000 mm　1/16
印　　张：9.5
字　　数：171 千字
版　　次：2025 年 4 月第 1 版
印　　次：2025 年 4 月第 1 次印刷

ISBN 978-7-5635-7502-2　　　　　　　　　　　　　　　　　定价：36.00 元

· 如有印装质量问题，请与北京邮电大学出版社发行部联系 ·

前　言

随着信息技术的迅猛发展和互联网的普及,农产品网络营销已成为农业领域主要的发展趋势和发展方向。传统的农产品营销模式受限于地域和渠道,面临着信息传递不畅、品牌推广困难以及销售渠道有限等问题。然而,通过网络营销,农产品企业能够突破地域限制,直接面向广大的消费者群体,实现农产品信息的快速传播和农产品销售的高效推动。另外,在"互联网+"视域下,农产品网络营销呈现出蓬勃的发展态势。通过充分利用互联网技术和创新思维,农产品企业能够拓展市场、提升品牌形象、增加销售额,实现农业的可持续发展。当前,面对激烈的市场竞争和深刻的技术变革,农产品企业需要紧跟时代步伐,不断创新和优化营销策略,为消费者提供更优质的农产品和服务。

基于此,本书以"农产品网络营销创新"为主题,首先论述农产品营销认知、农产品供求管理与农产品市场管理、农产品市场营销管理、网络营销与农产品网络营销;其次围绕农产品网络营销的理论依据、模式与意义以及发展前景,农产品网络营销的品牌战略,农产品网络营销的社会化推广,农产品网络营销的创新途径——直播营销,展开探究;最后突出创新性,对"互联网+"视域下的农产品网络营销创新发展进行研究。

本书具有两大特色,主要如下。

第一,本书注重将理论与实践相结合。本书不仅提供了关于农产品营销和网络营销的理论,还注重将这些理论与实际案例相结合。通过有机结合理论与实践,本书力求做到理论精练、实践性强,使读者能够从中获取实用的知识和经验。

第二,本书注重章节之间的逻辑性和连贯性。本书的每一章和每一节都以一种有序的方式组织,以确保内容的逻辑性和连贯性。这种有序的组织方式能够使读者系统地理解和掌握关于农产品营销与网络营销的知识。无论是从农产品营销认知到农产品品牌战略,还是从农产品社群营销到"互联网+"视域下的创新发展对策,每个章节都相互衔接,形成了一个完整的知识体系。

  作者在写作过程中,得到了许多专家、学者的帮助和指导,在此表示诚挚的谢意。由于作者水平有限,加之时间仓促,书中所涉及的内容难免有疏漏之处,希望各位读者多提宝贵的意见。

  本书为河北省秦皇岛市科技局课题结题专著,课题名称为"互联网+"背景下秦皇岛市生鲜农产品流通渠道模式的研究,课题编号为202301A329。

目 录

第一章 农产品网络营销概述 …………………………………………………… 1

　第一节 农产品营销认知 ………………………………………………………… 1
　　一、农产品营销的重要性 ……………………………………………………… 1
　　二、农产品营销的作用 ………………………………………………………… 2
　　三、农产品营销的发展趋势 …………………………………………………… 2
　第二节 农产品供求管理与农产品市场管理 …………………………………… 3
　　一、农产品供求管理 …………………………………………………………… 3
　　二、农产品市场管理 …………………………………………………………… 15
　第三节 农产品市场营销管理 …………………………………………………… 23
　　一、市场营销 …………………………………………………………………… 23
　　二、农产品目标市场营销 ……………………………………………………… 39
　　三、农产品市场营销组合 ……………………………………………………… 44
　第四节 网络营销与农产品网络营销 …………………………………………… 46
　　一、网络营销 …………………………………………………………………… 46
　　二、农产品网络营销 …………………………………………………………… 56

第二章 农产品网络营销的理论依据、模式与意义以及发展前景 ………… 58

　第一节 农产品网络营销的理论依据 …………………………………………… 58
　　一、网络数据库营销理论 ……………………………………………………… 58
　　二、关系营销理论 ……………………………………………………………… 59
　第二节 农产品网络营销的模式与意义 ………………………………………… 61
　　一、农产品网络营销的模式 …………………………………………………… 61

  二、农产品网络营销的意义 …………………………………………… 64
 第三节 农产品网络营销的发展前景 ………………………………… 67
  一、网络营销渠道更加多样化 ………………………………………… 67
  二、网站的专业化程度更高 …………………………………………… 67
  三、用户情感需求被重点考虑 ………………………………………… 68
  四、农产品的品牌化发展 ……………………………………………… 68

第三章 农产品网络营销的品牌战略 ………………………………… 69

 第一节 农产品品牌认知 ……………………………………………… 69
  一、农产品品牌的概念界定 …………………………………………… 69
  二、农产品品牌的营销理念 …………………………………………… 70
  三、农产品网络品牌的特征 …………………………………………… 71
 第二节 农产品网络品牌的战略规划 ………………………………… 72
  一、品牌战略规划的程序 ……………………………………………… 72
  二、品牌战略规划的实施 ……………………………………………… 73
 第三节 农产品网络品牌的塑造 ……………………………………… 76
  一、品牌故事和价值观 ………………………………………………… 76
  二、品牌标识和视觉元素 ……………………………………………… 77
  三、品牌声音和语调 …………………………………………………… 79

第四章 农产品网络营销的社会化推广 ……………………………… 82

 第一节 农产品微博营销及其实施 …………………………………… 82
  一、微博营销 …………………………………………………………… 82
  二、农产品微博营销的思路 …………………………………………… 85
  三、农产品微博营销的要点 …………………………………………… 87
  四、农产品微博营销的实施 …………………………………………… 88
 第二节 农产品微信营销及其实施 …………………………………… 92
  一、微信营销 …………………………………………………………… 92
  二、农产品微信营销的策略 …………………………………………… 95
  三、农产品微信营销的实施 …………………………………………… 97
 第三节 农产品社群营销及其实施 …………………………………… 102

一、社群营销 ………………………………………… 102
　　二、农产品社群营销的策略 …………………………… 103
　　三、农产品社群营销的实施 …………………………… 104

第五章　农产品网络营销的创新途径——直播营销 ………… 106

第一节　网络直播与网络直播营销
　　一、网络直播 …………………………………………… 106
　　二、网络直播营销 ……………………………………… 113

第二节　农产品网络直播的功能与意义
　　一、农产品网络直播的功能 …………………………… 119
　　二、农产品网络直播的意义 …………………………… 124

第三节　农产品网络直播的发展途径
　　一、保证农产品品质，加强行业监管 ………………… 126
　　二、培育专业直播人才，打造特色 IP ………………… 126
　　三、健全农产品直播营销体系，做好全流程服务 …… 127
　　四、创新直播模式，贴合观众需求 …………………… 128
　　五、全渠道推广，做好宣发工作 ……………………… 128
　　六、利用福利，深化情感认同 ………………………… 129

第六章　"互联网＋"视域下的农产品网络营销创新发展 …… 130

第一节　"互联网＋"营销的认知
　　一、互联网基础知识 …………………………………… 130
　　二、"互联网＋"营销 …………………………………… 132

第二节　"互联网＋"视域下农产品网络营销的 SWOT 分析
　　一、"互联网＋"视域下农产品网络营销的优势分析 … 133
　　二、"互联网＋"视域下农产品网络营销的劣势分析 … 134
　　三、"互联网＋"视域下农产品网络营销的机遇分析 … 135
　　四、"互联网＋"视域下农产品网络营销的威胁分析 … 136

第三节　"互联网＋"视域下农产品网络营销创新发展的对策
　　一、加强通信基础设施建设 …………………………… 136
　　二、依托大数据溯源 …………………………………… 137

三、实施电商人才工程,培养新农人及专业管理团队 ………… 138

四、构建智慧物流体系 ……………………………………… 138

结束语 ………………………………………………………………… 140

参考文献 ……………………………………………………………… 141

第一章　农产品网络营销概述

随着科技的快速发展和互联网的普及,农产品营销方式正经历着巨大的转变。传统的农产品营销主要依赖于传统渠道,然而,随着网络营销的兴起,越来越多的农产品企业开始转向网络渠道进行品牌推广和农产品销售。基于此,本章论述农产品营销认知、农产品供求管理与农产品市场管理、农产品市场营销管理、网络营销与农产品网络营销。

第一节　农产品营销认知

一、农产品营销的重要性

农产品营销是指将农产品从生产者传递到消费者的过程,涉及产品定价、产品分销、品牌推广和品牌建设等方面。农产品营销的重要性在于它对农业产业链的各个环节都具有深远影响,不仅关系到农民的收入和生计,还关系到整个经济社会的发展,具体如下。

第一,提高农民收入,解决农民生计。农产品营销能够帮助农民实现农产品价值的最大化,提高农民的收入,解决农民的生计。通过有效的市场推广和销售策略,能够以更高的价格销售农产品,从而增加农产品的利润。此外,农产品营销还能够创造就业机会,提供额外的收入来源,改善农民的生活条件。

第二,促进农业现代化发展。农产品营销对于农业现代化发展具有推动作用。农产品营销能够引导农民采用科学的种植技术和管理方法,提高农产品的品质和产量。另外,农产品营销还能够促进农业产业链的整合与升级,推动农业向产业化、品牌化和规模化发展。

第三,满足市场需求与消费者需求。农产品营销可以帮助农民了解市场对农产品的需求,从而推出符合市场需求的农产品。随着消费者健康意识的提高,他们对于绿色、有机农产品的需求越来越高。农产品营销可以帮助农民转向生产绿色、有机农产品,从而满足消费者对健康农产品的需求。

二、农产品营销的作用

农产品营销是农业产业链中至关重要的环节,对农产品的销售和推广起着决定性的作用,具体如下。

第一,提高农产品附加值。在农产品营销中,可以通过市场定位、品牌建设和品牌推广等手段,赋予农产品更高的附加值。通过品牌化和包装设计,可以使农产品与众不同,为其塑造独特的形象,从而使农产品的销售价格更高。

第二,拓宽销售渠道和市场范围。农产品营销可以帮助农民拓宽销售渠道和市场范围。虽然传统的农贸市场和农产品批发市场仍然是重要的销售渠道,但随着电子商务和互联网的发展,农产品线上销售渠道的开拓也变得越来越重要。利用电商平台、社交媒体等渠道,可以使农产品触达更广泛的消费者群体。

第三,促进农业合作社建设。通过农产品营销,农民可以联合起来,组织成农业合作社,实现资源整合、规模经营和品牌推广等。农业合作社能够提供农业生产、农产品加工、农产品销售等一体化服务,降低农业生产成本,提高农产品的竞争力和市场占有率。

三、农产品营销的发展趋势

随着社会经济的发展和消费者需求的变化,农产品营销也在不断发展和变化。以下是农产品营销的一些发展趋势。

第一,绿色、有机农产品兴起。随着消费者健康意识的提高,他们对绿色、有机农产品的需求越来越大。绿色、有机农产品以其无农药残留、无化学肥料、无激素等特点,受到了广大消费者的青睐。农产品营销的趋势之一就是加强绿色、有机农产品的生产和营销,提供满足消费者需求的健康、安全的农产品。

第二,农产品电商化和线上销售。随着互联网技术的发展和电子商务的兴起,农产品电商化和线上销售正成为农产品营销的主要发展趋势。电商平台和线上购物渠道不仅便于消费者获取农产品,还为农民提供了更多的销售渠道和销售机会。农产品电商化的趋势促进了农产品品牌化和品牌形象的建设,为消费者提供了更多的选择和更好的购物体验。

第三,农产品跨境贸易和国际市场拓展。随着全球经济一体化的加深,农产品跨境贸易和国际市场拓展成为农产品营销的发展趋势之一。国际市场对农产品的需求不断增长,消费者对优质农产品的需求也在不断增长。农产品营销的趋势之一是通过加强国际贸易合作和农产品出口,开拓更广阔的国际市场,提高农产品的出口比重和国际竞争力。

第四,农产品冷链物流和供应链管理的改进。农产品的冷链物流和供应链管理对于保障农产品的质量和保鲜度至关重要。农产品营销的趋势之一是改进冷链物流和供应链管理,确保农产品从生产到销售过程中的质量和安全。优化物流运输,完善储存设施,加强农产品追溯体系建设,提高供应链的效率和可靠性,降低农产品损耗的风险,有利于将农产品迅速、安全地送达消费者手中。

第五,加强农产品多元化加工和创新农产品的开发。随着消费者口味的多样化和需求的个性化,农产品营销的趋势之一是加强农产品多元化加工和创新农产品的开发。农产品多元化加工可以增加农产品的附加值和提高农产品的市场竞争力,从而满足消费者需求。创新农产品的开发则可以为农产品提供新的销售增长点,开拓新的市场空间。

第六,将农产品营销与农村旅游、农业体验相结合。农产品营销的趋势之一是将农产品营销与农村旅游、农业体验相结合。农村旅游和农业体验的兴起为农产品营销提供了新的机遇。将农产品作为农村旅游和农业体验的一部分进行推广,可以提高消费者对农产品的认可度,激发消费者的购买欲望。

第二节 农产品供求管理与农产品市场管理

一、农产品供求管理

(一)农产品需求

1. 农产品需求原理

农产品需求是消费者在某一时期内,在各种价格水平上愿意购买并且能够购买的某种农产品的数量。农产品需求的形成必须同时具备两个条件:一是消费者有购买的愿望;二是消费者有购买的能力。因此,如果消费者对某种农产品有购买的愿望,但没有购买的能力,就无法形成需求;如果消费者有购买的能力,但没有购买的愿望,也无法形成需求。

(1)农产品需求函数

农产品需求取决于多种因素。如果把农产品需求量作为因变量,把影响农产品需求量的因素作为自变量,则可以用函数关系表示农产品需求量与各个影响因素之间的关系。如果用 D 表示某种农产品的需求量,用 a、b、c、d、e 表示影响农产品需求量的因素,那么农产品需求函数可表示为

$$D=f(a,b,c,d,e) \tag{1-1}$$

假定其他影响因素保持不变,只考虑农产品需求量与农产品价格 P 的关系,那么,农产品需求函数的表达式可简化为

$$D=f(P) \tag{1-2}$$

(2) 农产品需求表

农产品需求函数所表现出来的农产品需求量与农产品价格的对应关系也可以用表格的形式表示。表 1-1 描述了某种农产品的需求量与价格之间的关系。可以看出,农产品的需求量随着价格的上升而减小。

表 1-1 某种农产品的需求表

价格与需求量的组合	价格/元	需求量/千克
a	1	100
b	2	80
c	3	60
d	4	40
e	5	20
f	6	0

(3) 农产品需求曲线

如果用横轴表示农产品的需求量,纵轴表示农产品的价格,那么就可以形象地表示农产品需求量与农产品价格之间的关系。针对表 1-1 中列出的农产品价格与需求量的组合,用图 1-1 中的点进行表示,并把这些点连接起来,便形成了农产品需求曲线。这是一条从左上方向右下方倾斜的曲线,表明农产品需求量 Q 与农产品价格 P 呈反方向变动关系。

(4) 农产品需求定理

农产品需求定理揭示农产品需求量与农产品价格之间的关系,其基本内容是:在其他条件不变的情况下,农产品需求量与农产品价格呈反方向变化,即价格上升,需求量减小;价格下降,需求量增大。农产品需求定理的前提是"其他条件不变"。换言之,如果其他条件发生了变化,那么农产品需求定理不一定成立。

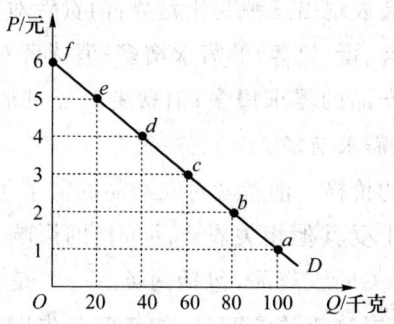

图 1-1 　农产品需求曲线

农产品需求定理可用替代效应和收入效应来解释。替代效应是指消费者在实际收入不变的情况下,某种农产品价格的变化对其需求量的影响。例如,某种农产品的价格上涨了,而效用相同的其他农产品的价格未变,这就意味着其他农产品的相对价格下降了,消费者就会用其他农产品替代这种农产品,从而减少对这种农产品的需求量。收入效应是指消费者在货币收入不变、实际收入水平发生变化的情况下,改变农产品的购买量。例如,如果某种农产品的价格下降,那么虽然消费者的货币收入并未变化,但消费者的实际收入增加了(也就是实际购买力增强了),从而对某种农产品的需求量也就增加了。

因此,当一种农产品的价格改变时,会发生两种变化:一是农产品的相对价格发生变化;二是消费者的实际收入水平发生变化。这两种变化都会改变消费者对该农产品的需求量。其中,替代效应强调了一种农产品价格变动对其他农产品相对价格水平的影响,收入效应强调了一种农产品价格变动对消费者实际收入水平的影响。需求规律所表明的农产品价格与农产品需求量呈反方向变动的关系,正是这两种效应共同作用的结果。

(5)影响农产品需求的因素

影响农产品需求的因素有很多,主要如下。

第一,消费者的收入水平。消费者的收入是形成购买力的基本因素之一。消费者的收入决定着需求的数量、质量和结构。一般来说,消费者收入水平越高,农产品的需求量越大;但也存在相反的情况,随着消费者收入水平的提高,某些农产品的需求量反而减小。根据收入水平变化后消费者的消费情况,可将农产品分为两大类:一类是正常农产品,消费者收入水平的变化会引起农产品需求量的同方向变化;另一类是低档农产品,消费者收入水平的变化会引起农产品需求量的反方向变化。在现实中,随着经济的发展和人们收入水平的提高,农产品的需求结构会表现出三种变化趋势:消费者对大路货的需求减少,对营养丰富的农产品(如肉、蛋、奶等)的需求增多;消费者对低质量的农产品的需求减少,对高质量的农产品的需求增多;消费者对经过加工、包装且便于携带、食用和储存的农产品的需求增多。

第二,相关农产品的价格。消费者对农产品的需求不仅取决于农产品自身的价格,还在相当程度上受其他相关农产品价格的影响。这里的相关农产品,是指与使用价值密切相关的农产品,包括两类。一类是替代品,即具有相同用途或者能满足消费者相同欲望的农产品,如猪肉与牛肉、咖啡与茶叶等。一般来说,某种农产品的替代品的价格上升,就显得这种农产品相对便宜,因而消费者对这种农产品的需求会增多;反之亦然。另一类是互补品,即必须配套使用、互相补充才能满足消费者某种需要的农产品。若某种农产品的互补品的价格上升,则消费者对该农产品的需求会减少;反之亦然。

第三,消费者的偏好。消费者偏好是指消费者对某种农产品的喜好程度。消费者总是根据各自的偏好选择农产品,如果消费者偏好某种农产品,那么对该农产品的需求就较多;如果消费者不偏好某种农产品,那么对该农产品的需求就较少甚至没有需求。就个人来说,偏好不是固定不变的,它会随着社会地位、收入水平、个人素质、消费观念等的变化而变化。在现代社会中,广告和媒体的宣传对消费者偏好的形成和改变具有重要作用。

第四,消费者的预期。消费者的预期主要有两方面:一方面是价格预期;另一方面是收入预期。就价格来说,当消费者预期某种农产品的价格不久将会上涨时,现在对这种农产品的需求就会增多;当消费者预期某种农产品的价格不久将会下降时,现在对这种农产品的需求就会减少。就收入来说,如果某种农产品对消费者来说是正常产品,那么当消费者预期其未来收入增加时,对该农产品的需求就会增多;当消费者预期其未来收入减少时,对该农产品的需求就会减少。相反,如果某种农产品对消费者来说是低档产品,那么当消费者预期其未来收入增加时,对该农产品的需求就会减少;当消费者预期其未来收入减少时,对该农产品的需求就会增多。

第五,人口数量与人口结构。农产品的市场需求是市场上所有个人需求的总和,因而人口数量的多少必然会直接影响农产品需求。农产品需求与人口数量成正比。此外,人口结构的变化也会影响农产品需求,主要表现在农产品需求构成的变化上。例如:城乡人口结构对农产品需求的影响很大,城镇居民的收入水平一般比农村居民的收入水平高,因而随着城镇化的推进,居民对肉、蛋、奶等农产品的需求会增多；人口的年龄结构也会影响农产品需求，婴幼儿对牛奶的需求特别多，而脑力劳动者对蛋白质含量高的农产品的需求较多。

第六，中间需求的变化。农产品中间需求是指农产品加工业、以农产品为原料的轻工业以及相关产业对农产品的需求。随着经济的发展，用作饲料、食品等的农产品日益增加，已成为农产品市场需求的重要组成部分。因此，农产品加工业的发展规模越大，消费者对初级农产品的需求也就越多；以农产品为原料的轻工业的发展规模越大，消费者对棉花、葡萄等农产品的需求也就越多。

第七，政府的消费政策。如果政府针对某种农产品实行低价政策或进行不同程度的补贴，则会相应增大消费者对这种农产品的需求量。

总之，影响农产品需求的因素多种多样，既有经济因素，又有非经济因素，这些因素共同决定了农产品需求。

2. 农产品需求弹性

（1）农产品需求价格弹性

农产品需求价格弹性简称农产品需求弹性，反映农产品的需求量对其价格变化反应的灵敏程度，可用农产品需求量的变化率与农产品价格的变化率之比来衡量。农产品需求弹性的计算公式如下：

$$E_d = \frac{\Delta Q/Q}{\Delta P/P} = \frac{\Delta Q}{\Delta P} \cdot \frac{P}{Q} \tag{1-3}$$

式中，E_d 为需求弹性，ΔQ 为需求量变动量，Q 为初始需求量，ΔP 为价格变动量，P 为初始价格。

根据需求定理，农产品的需求量与其价格呈反方向变化，所以 E_d 一般是负数。在衡量需求弹性大小时，往往采用 E_d 的绝对值 $|E_d|$。

根据 $|E_d|$ 值的大小，可将农产品需求弹性分为以下五种类型。

第一，缺乏弹性：$0 < |E_d| < 1$，表示价格的变动会引起需求量较小程度的变动，即需求量变动的幅度小于价格变动的幅度。如果某种农产品的需求缺乏弹性，那么其需求曲线的形状比较陡峭。

第二，富有弹性：$1 < |E_d| < \infty$，表示价格的变动会引起需求量较大程度的变动，即需求量变动的幅度大于价格变动的幅度。如果某种农产品的需求富有弹性，那么其需求曲线的形状比较平坦。

第三，单位弹性：$|E_d| = 1$，表示价格的变动会引起需求量同等程度的变动，即需求量变动的幅度与价格变动的幅度相同。如果某种农产品的需求具有单位弹性，那么其需求曲线的形状为一条双曲线。

第四，完全弹性：$|E_d| = \infty$，表示价格的微小变动会引起需求量的无限变

动,又称为无限弹性。如果某种农产品的需求具有完全弹性,那么其需求曲线就是一条水平线。

第五,完全无弹性:$|E_d|=0$,表示无论价格如何变动,需求量都固定不变,又称为完全缺乏弹性。如果某种农产品的需求完全无弹性,那么其需求曲线就是一条垂直线。

(2) 农产品需求收入弹性

农产品需求收入弹性反映某种农产品的需求量对消费者收入变化反应的灵敏程度,可用农产品需求量的变化率与消费者收入的变化率之比来衡量。农产品需求收入弹性的计算公式如下:

$$E_m = \frac{\Delta Q/Q}{\Delta M/M} = \frac{\Delta Q}{\Delta M} \cdot \frac{M}{Q} \qquad (1-4)$$

式中,E_m 为需求收入弹性,ΔQ 为需求量变动量,Q 为初始需求量,ΔM 为收入变动量,M 为初始收入。

E_m 不取绝对值,其符号及其大小反映了农产品的不同性质。

根据 E_m 值的大小,可将农产品需求收入弹性分为以下三种类型。

第一,$E_m > 0$,表示农产品的需求量与消费者收入呈同方向变化,即当消费者收入增加时,该农产品的需求量增大;当消费者收入减少时,该农产品的需求量减小。其中,$0 < E_m < 1$ 表示农产品为生活必需品,收入变动所引起的需求量的变化幅度小于收入的变化幅度;$E_m > 1$ 表示农产品为高档农产品,收入变动所引起的需求量的变化幅度大于收入的变化幅度。

第二,$E_m < 0$,表示农产品的需求量与消费者收入呈反方向变化,即当消费者收入增加时,该农产品的需求量减小;当消费者收入减少时,该农产品的需求量增大。这类农产品为低档农产品。

第三,$E_m = 0$,表示消费者的收入变化后,农产品的消费量完全没有变化。这意味着消费者对这类农产品的需求量是基本固定的。

农产品需求收入弹性对农产品市场的开发具有重要指导意义。一般来说,收入弹性越大的农产品,人们对其消费越远离饱和,市场开发的潜力越大;收入弹性越小的农产品,人们对其消费越接近饱和,市场开发的潜力越小,甚至没有可开发的市场。同时,在农产品市场开发的实践中,还要注意随着消费者收入水平的提高和消费量的变化,同一种农产品的需求收入弹性也会发生变化。其变化的一般规律是:人们的收入水平越低,对农产品的消费离饱和点越远,农产品的需求收入弹性越大;人们的收入水平越高,对农产品的消费越接近饱和点,农产品的需求收入弹性就越小;当人们对农产品的消费达到饱和时,需求收入弹性等于0;过了饱和点后,对于低档农产品来说,其需求收入弹性变为负值,随着人们收入水平的提高,这类农产品的需求量会减小。

(3) 农产品需求弹性的影响因素

农产品需求弹性的大小取决于当农产品价格上升或消费者收入减少时,消费者放弃这种农产品的意愿以及放弃的难易程度。具体来说,影响农产品需求弹性的因素主要如下。

第一,农产品的必需程度。生活必需品(如粮食等)的需求量相对稳定,受价格、收入等因素的影响较小,所以需求弹性比较小甚至无弹性。反之,一些非必需的农产品(如高档水果、高档水产品等)的需求弹性比较大,这些农产品的需求常随价格和收入的变化而变化。

第二,农产品的可替代性。某种农产品的替代品越多,可替代性越大,其需求受价格的影响就越大。比如,如果猪肉涨价,人们就会转向牛肉、羊肉、鸡肉等其他肉类,因此猪肉的需求弹性比较大。某种农产品的替代品越少,可替代性越小,其需求受价格的影响就越小。比如,即使粮食的价格上涨,消费者也只能购买。

第三,农产品在消费者预算支出中的比重。如果一种农产品在消费者的总开支中只占很小的份额,那么消费者对该农产品的价格变化不会很敏感,因此需求弹性小。如果该农产品对消费者来说是一笔较大的开支,那么价格变化后,消费者会重新考虑其需求量,因而需求弹性大。

第四,农产品用途的广泛程度。多用途的农产品需求弹性大,专用性的农产品需求弹性小。

第五,以农产品为原料的工业对农产品的依赖程度。如果以农产品为原料的工业对某种农产品的依赖程度很大,那么其价格的变动不会对该农产品的需求产生很大影响,其需求弹性就小;如果依赖程度小,其需求弹性就大。

(二) 农产品供给

1. 农产品供给原理

农产品供给是指生产经营者在一定时间内在各个价格水平上愿意并且能够提供的农产品的数量。农产品供给的形成必须同时满足两个条件:一是农产品生产经营者有出售农产品的意愿;二是农产品生产经营者有供给的能力。如果农产品生产经营者对一种农产品虽然有供给意愿,但没有供给能力,就不能形成供给;如果农产品生产经营者有供给能力,但没有供给意愿,也不能形成供给。

农产品供给来自农产品生产,但供给量不等于生产量,因为如果生产出来的农产品不能被送到市场上销售而是储藏在仓库里,或只是作为生产者的自给性消费,这些农产品就无法形成市场供给。此外,在一定时期内,农产品的供给量除了包括本期生产的农产品外,还应包括以前的存货。农产品供给可以用农产品供给函数、农产品供给表和农产品供给曲线来描述。

(1) 农产品供给函数

农产品的供给取决于多种因素。如果把农产品供给量当作因变量,把影响农产品供给量的因素当作自变量,则可以用函数关系表示农产品供给量与其影响因素之间的关系。如果用 S 表示某种农产品的供给量,用 a、b、c、d、e 表示影响农产品供给量的因素,那么农产品供给函数可表示为

$$S = f(a,b,c,d,e) \tag{1-5}$$

假定其他影响因素保持不变,只考虑农产品供给量与农产品价格 P 之间的关系,那么农产品供给函数的表达式就可以简化为

$$S = f(P) \tag{1-6}$$

(2) 农产品供给表

农产品供给函数所表现出来的农产品供给量与农产品价格之间的对应关系也可以用表格的形式来表示。表 1-2 描述了某种农产品的供给量与其价格之间的关系。可以看出,农产品的供给量随着价格的上升而增大。

表 1-2 某种农产品的供给表

价格与供给量的组合	价格/元	供给量/千克
a	1	10
b	2	30
c	3	50
d	4	70
e	5	90
f	6	110

(3) 农产品供给曲线

如果用横轴表示农产品供给量,纵轴表示农产品价格,那么可以形象地表示农产品供给量与农产品价格之间的关系。针对表 1-2 中列出的农产品价格与农产品供给量的部分组合,用图 1-2 中的点进行表示,并把这些点连接起来,便形成了农产品供给曲线。这是一条从左下方向右上方倾斜的曲线,表明农产

品供给量 Q 与农产品价格 P 呈同方向变动关系。

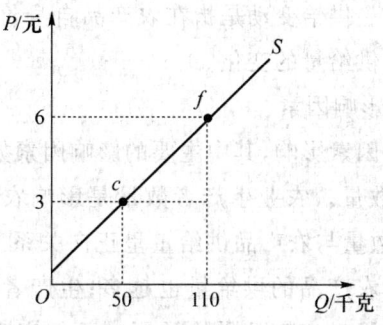

图 1-2　农产品供给曲线

(4) 农产品供给定理

农产品供给定理揭示农产品供给量与农产品价格之间的关系,其基本内容是:在其他条件不变的情况下,农产品供给量与农产品价格呈同方向变化(价格上升,供给量增大;价格下降,供给量减小)。农产品供给定理的前提是"其他条件不变"。也就是说,如果其他条件发生了变化,那么农产品供给定理不一定成立。农产品供给量与农产品价格之所以呈同方向变化,主要原因如下。当农产品价格上升时,会产生新的生产者,生产者人数增多,即在原来价格水平下不愿意生产的人变成了实际的生产者,使生产和出售的农产品数量增大。同时,由于农产品价格上升使盈利空间增大,原来的生产者会增大生产量,从而使农产品供给量增大。相反,当农产品价格下降时,生产者会减小生产量甚至停止生产,从而使农产品供给量减小。因此,农产品价格和农产品供给量的同方向变化,决定了农产品供给曲线从左下方向右上方延伸。

然而,农产品供给定理也有例外,即当农产品价格下降时,农产品供给量反而增大;当农产品价格上升时,农产品供给量反而减小。产生这种现象的原因如下。①农业资源的专用性较强,适用范围狭窄,不能顺利地进行转移。当农产品的价格下降时,生产者为了维持正常的收入水平,反而会努力增加生产量。②当生产者预期未来价格会上升时,为将来得到更多的收入,即使当前价格较高,也会减小当前的供给量;相反,当预期未来价格会下降时,为了避免损失,生产者会把农产品抛售出去,从而增加现有的供给量。

(5) 农产品供给量变动与供给变动

供给量变动是指在其他条件不变的情况下,由于农产品自身价格的变动所引起的供给量的变化。在图形上,供给量变动表现为同一条供给曲线上价格与供给量的组合点的移动。供给变动是指在农产品自身价格不变的情况下,由其他因素的变化所引起的供给量的变化。

(6) 农产品供给的影响因素

农产品供给受多种因素影响,其中主要的影响因素如下。

第一,农业生产者数量。农业生产者数量是影响农产品供给的基本因素。一般来说,农业生产者数量与农产品供给量呈正向关系。在其他条件不变的情况下,生产者数量越多,农产品的供给量也越多;生产者数量越少,农产品的供给量也越少。生产者数量对农产品供给的影响不但表现在农产品供给的绝对数量上,而且表现在农产品供给的相对数量上。比如,由于可用于种植的农地数量在短期内是固定的,因此小麦生产者数量的增加可能会造成玉米生产者数量的减少,使农产品总体供给中小麦的供给增加而玉米的供给减少。从这个意义上说,农产品的生产结构决定了农产品的供给结构,进而决定了各种农产品的供给量。

第二,相关农产品的价格。相关农产品主要有两类。一类是竞争性农产品,即在资源的利用上相互竞争的农产品。在资源数量一定的情况下,对于两种竞争性农产品,当其中一种农产品的价格不变,而另一种农产品的价格变化时,就会使前一种农产品的供给量发生相反方向的变化。另一类是连带性农产品,即在生产一种农产品的同时,也生产另一种农产品。当两种农产品中的一种农产品的价格不变,而另一种农产品的价格变化时,就会使前一种农产品的供给量发生相同方向的变化。例如,羊肉和羊皮是连带性农产品,当羊皮价格上升时,人们会养更多的羊,从而增大羊肉的供给量。

第三,生产要素的价格。生产要素的价格越低,农产品供给量越大。这是因为,一方面,在农产品价格不变的情况下,生产要素的价格降低,单位农产品的利润就会增加,生产经营者愿意提供的农产品数量也会增大,因农产品价格低而暂时不生产的生产经营者也会重新投入生产;另一方面,同量的经营资本可以购买到更多的生产要素,从而增大产量。反之,生产要素的价格越高,农产品供给量就越小。因此,降低生产要素的价格是增加农产品供给的重要途径。

第四,自然资源条件。农业生产以自然再生产为基础,对自然条件的依赖性很大。农业自然资源的状况在很大程度上决定了农业的生产能力,从而也影响了农产品的供给。

第五,生产的技术水平。当生产的技术水平提高时,农产品的供给就会增加。

第六,生产者对未来价格的预期。如果生产者预期农产品价格会上升,就会增加农产品的生产;反之,如果预期农产品价格会下降,就会减少农产品的生产。但价格预期对农产品现期供给的影响则是方向相反的,即预期农产品价格上涨,生产者会减少现时的供给;反之,如果预期农产品价格将要下降,生产者会增加现时的供给。

第七,其他因素。农产品供给除了受上述因素影响外,在实际中还会受到其他因素的影响,如政府的宏观调控政策。例如,在西方发达国家,政府为了解决农产品过剩的问题而采取限制生产的政策。在限制生产的政策下,农业生产者需要按照政府下达的产量配额进行生产,使农产品供给相应减少。

(7) 农产品供给的特殊性

由于农业生产的特殊性,农产品的供给也有特殊性。农产品供给的特殊性主要表现在以下几个方面。

第一,农产品供给的有限性。由于土地是农产品生产不可替代的稀缺生产资料,在一定的地域条件和技术水平下,农产品的生产量和供给总量是有限的,不会随着农产品价格的上升呈无限增大的趋势。农产品价格的上升只能在一定范围内增加农产品的供给,而且这个范围十分有限。

第二,农产品供给的周期性。农产品生产以自然再生产为基础,其生产具有季节性和周期性,农产品的生产周期比一般工业产品的生产周期长,而且生产时间不能人为地缩短,因此,在短期内农产品的供给总量是一定的,它不会随着农产品价格的上升而增大。

第三,受自然环境的影响很大。农业生产受自然条件的影响很大,在当前的生产力水平下,自然条件特别是气候条件还不能被人工控制。气候变化的不确定性,会造成农产品产量和供给的波动。

第四,受政府调控的影响比较大。由于农产品的供给关系国计民生,因此政府对农产品的稳定供给高度重视,几乎所有国家的政府都会对农产品的供给和价格进行调控。

2. 农产品供给弹性

农产品供给弹性是农产品供给价格弹性的简称,反映农产品的供给量对其价格变化的反应程度。农产品供给价格弹性用农产品供给量的变化率与农产品价格的变化率之比来衡量,可表示为

$$E_s = \frac{\Delta Q/Q}{\Delta P/P} = \frac{\Delta Q}{\Delta P} \cdot \frac{P}{Q} \tag{1-7}$$

式中，E_s 表示供给弹性，Q 为初始供给量，ΔQ 为供给量的变动量，P 为初始价格，ΔP 为价格的变动量。

E_s 的值一般是正数，因为供给定理表明，农产品的供给量与其价格呈同方向变化。

(1) 农产品供给弹性的类型

根据 E_s 的数值大小，可以将农产品供给弹性分为以下五种类型。

第一，完全无弹性：$E_s=0$。无论价格怎样变动，农产品的供给量始终不变。对应的供给曲线为一条垂直线。

第二，缺乏弹性：$0<E_s<1$。农产品供给量的变动幅度小于价格的变动幅度。对应的供给曲线为一条与横轴相交于原点右边的曲线。

第三，单位弹性：$E_s=1$。农产品供给量的变动幅度与价格的变动幅度相同。对应的供给曲线为一条过原点的直线。

第四，富有弹性：$1<E_s<\infty$。农产品供给量的变动幅度大于价格的变动幅度。对应的供给曲线为一条与横轴相交于原点左边的曲线。

第五，完全弹性：$E_s=\infty$。农产品价格既定，供给量无穷大。对应的供给曲线为一条水平线。

(2) 影响农产品供给弹性的因素

农产品供给弹性取决于生产者改变生产量的难易程度。具体来说，影响农产品供给弹性大小的因素如下。

第一，农产品生产周期的长短。若农产品生产周期长，则价格在生产周期内的变动不会对农产品的供给量产生影响，因而供给弹性小。这是因为在生产周期内生产者不能调整生产规模，改变农产品的供给量。若农产品生产周期短，在价格变动的影响周期内，生产者有足够的时间调整生产规模，改变农产品的供给量，则供给弹性较大。

第二，农产品生产规模变化的难易程度。若农产品的生产规模容易改变，则供给弹性大；若农产品的生产规模不容易改变，则供给弹性小。一般来说，资金密集型或技术密集型农产品的生产规模变动的难度较大，供给弹性小；劳动密集型农产品的生产规模变动的难度较小，供给弹性大。

第三，农产品价格变动的影响周期的长短。若农产品价格变动的影响周期长，生产者能对生产规模做出调整，改变供给量，则供给弹性大；若农产品价格变动的影响周期短，生产者来不及对生产规模做出调整，则供给弹性小。

第四，农产品生产成本增加的程度。如果农产品生产量增加的幅度大于农产品生产成本增加的幅度,则供给弹性大;反之,则供给弹性小。一般来说,由于土地报酬递减规律的作用,随着农产品生产量的增加,农产品生产成本增加得较快,因此,与工业产品相比,农产品的供给弹性更小。

总之,农产品受自然条件的影响,生产周期一般较长,而且多为鲜活农产品,不易储存,加上受到土地面积的限制,不可能迅速或无限扩大生产,因此农产品供给弹性一般较小。

二、农产品市场管理

(一) 农产品批发市场

1. 农产品批发市场的主要类别

我国幅员辽阔,农村和城市之间的距离较远。农产品在从生产者到消费者的整个流通过程中,往往要经过产地批发市场、销地批发市场和中转地市场等诸多环节。

(1) 产地批发市场

产地批发市场位于农产品集中生产的地域,是农产品生产者(农民和合作社等)销售农产品的窗口,对农业生产具有直接的带动作用。在产地批发市场上,卖方主要是产地集货商、合作社和家庭农场等农产品经营者和生产者,买方是向外地发货的经销商。产地集货商从分散的农户手中收购农产品,并到农产品批发市场集中销售。经销商又称运销商,他们将产地批发市场上的农产品运到消费地批发市场销售,从价差中获取利润。我国的农产品经销商大多是个体经营者,规模较大的叫经销大户。一些农业企业也参与农产品的运输和销售,它们大多是集农产品生产、加工、销售于一体的企业。在产地批发市场上,买卖双方一般通过协商或标价收购的方式达成交易。

(2) 销地批发市场

销地批发市场一般位于大中城市的郊区,主要为城区的农贸市场、超市等提供货源。销地批发市场的设施比较完善,综合功能较强,经营的农产品品种多样,能满足城市居民对农产品的多样化需求。销地批发市场中的经营主体较为复杂。卖方有来自产地和中转地的经销商、近郊产地的家庭农场和合作社等;买方有超市采购商、城区农贸市场零售商、餐饮店、单位食堂等。

(3) 中转地市场

有些批发市场位于远距离运销的中间地带,在地理位置上具有中转地的特点,因而被称为中转地市场或集散地市场。在中转地市场上,买方和卖方都是农产品的经销商,卖方出售的农产品是从产地批发市场批发来的,买方购买农产品后又将其运往销地批发市场销售。

2. 农产品批发市场的基本功能

(1) 产品集散功能

农产品的生产往往是分散的,在我国,大多数农产品都是一家一户生产出来。农产品的消费往往也是分散的,主要以家庭为单位。如果分散的生产者直接与分散的消费者交易,那么不但交易次数多、交易批量小、交易效率低、交易成本高,而且农产品的销售距离会受到限制。农产品批发市场一方面汇集了来自四面八方的农产品,另一方面把农产品发散到全国各地甚至世界各地,从而把分布在各地的生产者与消费者联系起来,这样不但能大幅度降低农产品的交易成本,而且能远距离拓展农产品的销售市场。

(2) 价格形成功能

由于农产品批发市场具有在较大范围内集散农产品的功能,因而能在较大范围内反映农产品的供求关系。因此,农产品批发市场上形成的农产品价格能比较真实地反映农产品的供求情况。同时,来自各地的农产品同场竞争,同一种农产品通过比较实现按质论价,从而形成一种能够比较真实地反映农产品价值的市场均衡价格。因此,批发价格能够比较公正地反映市场的供求关系和产品的内在质量。

(3) 供求调节功能

供求调节功能是由农产品批发市场的价格形成功能决定的。供求决定价格,价格调节供求,这是价格机制的基本作用形式。由于农产品批发市场的交易批量大、集散距离远,因此它能在更大范围内对农产品供求关系起到调节作用。

(4) 信息中心功能

农产品批发市场不仅连接着产需两头,信息来源广泛,还拥有多样化和现代化的信息处理和传递手段,因而是农产品生产、流通、消费等方面的信息的收集、整理、发布场所。农产品批发市场每天形成的交易价格反映着供求关系的变化,对农产品的生产和消费起到了引导作用。

3. 农产品批发市场的重要作用

(1) 促进农产品大流通格局的形成

农产品批发市场实现了农产品的远距离销售,扩大了农产品的销售范围。大型集散地农产品批发市场发挥了远距离运输集货和中转批发的作用,促进了农产品大流通格局的形成。

(2) 促进农业生产的专业化、规模化、标准化、集约化

农产品大流通是实现农业生产区域专业化的前提。随着农产品批发市场的发展,我国农村出现了专业化和规模化的生产方式:有些产区出现了专业生产合作社;有些产区出现了种植公司;有些产区还形成了生产基地。另外,农产品批发市场也促进了农业生产的标准化。这是因为随着批发市场交易管理的规范化,进入市场的农产品有了明确的质量要求,推动了生产者实施农业生产的标准化进程。集约化主要体现在农产品流通链条上功能的整合。农产品批发市场将农产品加工、包装、配送等多个环节以及相关信息整合在一起,改变了原来单个商户"各自为战"的局面,降低了农产品流通成本,提高了农业生产的整体效益。

(3) 保障城市农产品稳定供应

农产品批发市场承担着供应城市居民蔬菜、水果、肉类等农产品的保障任务,在保障城市居民的"菜篮子"和"果盘子"、提高城市居民的生活水平方面发挥了重要作用。

4. 农产品批发市场的发展和提升

我国的农产品批发市场已达到相当大的规模,但还存在一些问题,需要进一步发展和提升。

(1) 完善农产品批发市场布局

在国家层面,政府应加强对不同地区农产品批发市场的统筹调控,根据中部、东部、西部地区的区位优势,统筹规划农产品批发市场的布局,重点加强东部与西部地区、农产品产地与主要消费地的有效对接。

(2) 提升农产品批发市场的现代化水平

我国的农产品批发市场近年来在硬件设施、配套服务、管理水平等方面有了较大进步。但总体来看,不同的农产品批发市场在硬件设施、配套服务和管理水平等方面存在较大差异,既有与国际接轨的现代交易市场,又有硬件设施简陋的传统市场,甚至是露天交易市场。大部分农产品批发市场都没有初加工、包装、冷藏等增值业务。在配送方面,只有部分农产品批发市场建立了配送中心,但仅限于提供车辆,且多由第三方承包经营。今后应进一步改善农产品批发市场的硬件设施,增加交易服务功能,提升市场的现代化水平。

(3) 增强农产品批发市场的公益性功能

农产品批发市场具有公益性功能。我国的农产品批发市场都以企业化方式运作,其中大部分都由民营投资机构或村集体所有,具有追求利润的内在动

力,即便是国资控股的农产品批发市场也都将获利能力作为考核标准。为保证农产品批发市场的公益性功能与其"利润最大化"目标的平衡,政府需要承担起支持公益性功能的责任。近年来,一些地方政府出台了相关政策,加大了财政扶持力度,推动了农产品批发市场升级改造。今后,除了要继续加大财政扶持力度外,政府还应考虑改变补贴方式,将过去的"补市场"改为"补品种",提高按"大路菜"的交易量给予财政补贴的比重。

(二)农产品零售市场

1. 农产品零售市场的基本特点

农产品零售市场是整个流通过程的最终环节,其职能是将农产品以零售的方式销售给广大消费者,最终实现农产品的使用价值。农产品零售市场的特点如下:农产品零售市场上的卖方是零售商,买方是消费者,农产品到达消费者手中后不再继续流通;农产品零售市场数量多且分散于居民区;农产品种类多,交易频率高,交易数量少。

2. 农产品零售市场的主要类别

农产品零售市场主要有农产品集贸市场和农产品超级市场两类。农产品集贸市场目前是我国农产品零售市场的主要形式,农产品超级市场在大中型城市发展较快,正在逐渐成为重要的农产品零售市场。

(1) 农产品集贸市场

农产品集贸市场简称农贸市场,是进行农副产品及日用消费品交易的场所。农贸市场为个体工商户和消费者提供了交易的平台。在农贸市场上,农产品的销售者以个体工商户为主,个体工商户主要是个体经营者和郊区农民,他们经营的农产品要么是从批发市场批发来的,要么是自己生产的。一般而言,在小城镇和乡村的农贸市场上,农民自产自销的农产品占比较大;而在大中型城市的农贸市场上,农产品大多源自农产品批发市场。农贸市场有以下功能。

① 方便城乡居民购买农副产品。农贸市场分布于城乡的各个社区,具有近似完全竞争的市场结构,城乡居民可以在农贸市场买到物美价廉的农产品。

② 为农民提供近距离的农产品销售场所。农贸市场特别是农村集镇的农贸市场,为农民提供了销售农产品的场所,不仅有利于农民生产农产品,还能增加他们的收入。

③ 促进小城镇建设。农贸市场的所在地往往是农村的区域中心,比较容易发展成为商品集散中心甚至小城镇。

农贸市场不但为消费者购买农产品提供了方便,而且销售的农产品价格实惠,因此深受广大消费者欢迎,目前仍是农产品零售市场的主要形式。然而,农贸市场的购物环境相对较差,产品质量也不一定能得到保证,已不能满足部分城市居民的需要。

(2) 农产品超级市场

农产品超级市场简称农产品超市,是指以消费者自选方式为主,经营食品、日用品的大型综合性零售市场。农产品超市(下称超市)有两个重要特征:一是消费者可以随意挑选产品,故又称农产品自选商场;二是通常实行连锁经营。

从组织形式看,超市的经营模式分为以下三种。

第一,直营连锁。直营连锁的特征是所有权与经营权相统一,即所有成员店都属于同一所有者。这种经营模式的优点是能获取批量采购和多店铺销售的规模效益。

第二,特许连锁。特许连锁的特征是主导企业与加盟者(连锁分店)都是独立法人,主导企业与加盟者之间签订加盟合同。实践中,一般将主导企业视为总部,将加盟者视为特许分店或加盟店。总部向加盟店提供独特的商业特权,如商号、标识、专有技术等,并为加盟店提供员工培训、产品供应、经营管理等方面的服务;加盟店享有总部赋予的权利,同时也要支付相应的加盟费,并遵守总部的规定,特别是关于产品质量、服务质量和价格标准的规定。特许连锁的优势是主导企业投资少、扩张快,而加盟店则可以分享主导企业的品牌资源,降低经营风险。

第三,自愿连锁。自愿连锁也称自由连锁,是指一批具有独立所有权的商店,自愿归属于一个管理服务中心。这些商店就是所谓的连锁店。连锁店与管理服务中心没有隶属关系,只在经营活动上存在协调和服务关系。管理服务中心统一制定销售策略,统一进行广告宣传,统一订货送货。各个连锁店独立核算、自负盈亏、人事自主,但要向管理服务中心缴纳服务费。这种经营模式的优点如下:可以获取批量采购的规模效益,降低各个连锁店的经营成本;各个连锁店的自主权大、主动性强。

从盈利来源看,超市的经营模式分为自营、联营和代销。

第一,自营。自营又称约期买断。在这种经营模式下,超市直接采购商品,商品所有权相关的收益和风险均由超市承担。超市的利润来源主要是商品的购销差价。

第二,联营。供应商在超市卖场的指定区域设立品牌专柜,负责提供商品和销售人员,供应商和超市共同管理。未售商品的所有权归供应商所有,超市不承担商品的跌价损失及其他风险。超市的利润来源是销售额扣点。

第三，代销。代销分为两种：一种是供应商和超市签订合同，供应商根据代销商品的数量向超市支付手续费；另一种类似于买断，供应商和超市签订合同，超市收取代销费，商品售价由超市决定，实际售价与代销价的差额归超市所有。在代销模式下，超市将在商品售出后再支付货款给供应商。

(三) 农产品期货市场

1. 农产品期货市场的基本特点

农产品期货市场是专门为农产品（如大豆、小麦、玉米等）买卖提供场所和条件的市场，其基本特点可以归纳如下。

(1) 交易对象的特殊性

① 交易对象可以是农产品期货合约。农产品期货市场买卖的是一种特殊的产品——农产品期货合约。这是一种在交易所内达成且受一定规则约束的标准化契约，规定了将来某一时间和地点必须交收某一特定农产品的条款。合约中，农产品的规格、品质、数量、交货时间和地点等都是既定的，唯一的变量是价格。期货价格在交易所内以公开竞价的方式达成。

② 可长时间保存且品质可评价。农产品期货市场上所交易的农产品应该是可以长时间保存且不会变质的，且其品质必须是可以进行评价的。

③ 批量大。在农产品期货市场上，只有大量生产和流通的农产品才能上市。

(2) 交易者的特殊性

农产品期货市场的交易者主要分为套期保值者和投机者。套期保值者大多是农产品生产、贸易和加工企业，它们利用农产品期货市场为其现货市场的农产品保值，防止因价格波动而造成损失。投机者则利用农产品期货市场中价格的波动进行投资套利。

(3) 价格的特殊性

受季节、天气、政策等多种因素的影响，农产品的价格波动频繁、幅度较大。这种波动性为投资者提供了较多的交易机会，但也增加了投资风险。

① 受季节影响。农产品期货市场的价格受季节影响较大。因为农产品的收获季节具有明显的周期性，所以价格往往在不同季节表现出显著差异。例如：玉米和大豆在收获季节供应充足，价格通常较低；而在非收获季节，供应减少，价格则可能上涨。

② 受天气影响。恶劣的天气（如干旱、洪水或霜冻）可能导致农作物减产，

从而使农产品价格上涨。因此，投资者在参与农产品期货交易时，必须对全球和本地的天气状况保持高度敏感。

③ 受政策影响。政府的农业政策（如补贴政策、进出口政策等）可能会直接改变农产品的供需格局，进而影响价格。例如，如果政府加大对某种农产品的补贴力度，那么可能会使该农产品的种植面积增加，进而影响未来的市场供应和农产品价格。

2. 农产品期货市场的主要功能

农产品期货市场主要有以下三个功能。

(1) 价格发现功能

价格发现功能是指通过公开、公平的期货交易机制形成具有权威性、连续性、超前性的价格的过程。期货交易所聚集了众多的买方和卖方，通过场内代表，交易者把自己所掌握的有关某种商品的供求关系及其变动趋势的信息集中到期货交易所。同时，所有期货合约的买卖都是在期货交易所内通过公开竞价的方式进行的，这就使得所有买方和卖方都能获得平等的买卖机会，使期货市场成为一个公开、公平、自由竞争的市场。这样，期货交易就能把众多影响商品价格的供求因素集中反映到期货市场内，从而形成期货价格。期货价格能够比较准确地反映真实的供求状况及其变动趋势。

(2) 风险规避功能

风险规避是指生产经营者在期货市场上通过套期保值业务，规避、转移或分散现货市场上的价格波动风险。套期保值的做法是，在现货市场和期货市场对同一种商品同时进行数量相等但方向相反的买卖，即在现货市场上买进或卖出现货的同时，在期货市场上卖出或买进同等数量的期货，经过一段时间，当价格变动使现货买卖出现亏损时，便能从期货交易的盈利中得到弥补，从而在"现"与"期"之间建立对冲机制，使价格风险降到最低。

(3) 风险投资功能

风险投资功能是与风险规避功能相伴而生的，它是针对期货投机者来说的。期货投机者参加期货交易的目的是利用期货商品的价格波动来获取利润。期货交易一般是以一定的保证金为担保进行的，具有以小搏大的杠杆作用。如果期货投机者对价格波动方向的判断正确，就能获得高额回报，但如果判断失误，就会遭受巨大损失。

3. 农产品期货市场的重要作用

由农产品期货市场的三个功能决定，农产品期货市场具有以下作用。

(1) 调节农产品供求关系，减缓价格波动

农产品的期货价格反映了供求双方根据各自对将来某一时点市场供求状况的预测，能够对未来各个时间的供给和需求进行超前调节。例如，某种农产品的期货价格上升，就会使生产者增加产量。随着供给量的增加，供求关系又会出现变化，期货价格逐渐下降。同理，期货价格下降，也会造成生产者减少产量。随着生产规模的逐渐缩小，供给量逐渐减小，期货价格逐步回升。因此，农产品期货交易既有利于防止市场价格频繁波动，又能防止生产的盲目性，避免社会资源的浪费。

(2) 锁定价格和利润

农业的自然再生产与经济再生产相交织的特点，决定了农产品的生产者和经营者（如农产品加工企业）必然面临农产品价格波动的风险。但是，农产品的生产者和经营者可以通过期货市场的套期保值操作锁定农产品的价格，降低农产品现货价格波动的风险，从而从农产品的生产中获得收益或从农产品的经营中获得利润。

(3) 有助于政府进行宏观调控

期货市场与现货市场既有密切联系又有很大区别。从某种意义上讲，期货市场中价格的波动是对商品供求形势的预示。政府可以利用这种预示提前采取措施，避免现货市场中出现不良现象。农产品事关国计民生，各国政府都会储备一定数量的参与期货交易的农产品。政府作为期货市场的潜在交易者，其储备量的变化会影响期货交易者对未来供求的预测，从而改变期货市场价格波动的方向和幅度，使其符合国家宏观经济发展的需要。

(4) 有利于促进农业国际化

20 世纪 80 年代以来，期货交易跨越了国界。从交易人员看，发达国家的期货交易所一般不限制境外会员。从期货交易所之间的联系看，跨国界、跨地区的联网已经实现。从交易对象看，标准化的期货合约为全球性的无差别交易提供了条件。从交易规则看，期货交易所具有的公开性特点使得期货市场能汇集世界各地的供求信息，同时又将有关信息反馈到世界各地。因此，农产品期货市场对农业的国际化具有重要意义。

4. 农产品期货市场的发展和提升

虽然我国的农产品期货交易从规模上看已位列世界第一，但目前我国农产品期货市场的运作尚未成熟，作用也没有得到充分发挥，需要进一步发展和提升。

(1) 加强农产品期货市场监管

为保证农产品期货市场的稳健发展，国家颁布了一系列法规。现在的任务

是严格遵守这些法规,切实保护投资者利益和维护市场秩序。在监管过程中,应体现"期货行业机构和从业人员并重""外部监管和内部行业自律并重"的原则,充分发挥期货交易所的一线监管作用和期货行业协会的自律作用,通过多层次的监管体系使期货监管工作走上规范化、法治化的轨道。

(2) 推出合适的期货品种

要保证期货市场有较大的发展,必须有相应数量的适合交易的期货品种。如果期货品种的产销量比较小,交易者有限,那么农产品期货市场就无法在较大范围内发挥套期保值及发现价格的功能。目前,我国有一些产销量较大的农产品(如大米、生猪等)还没有开展期货交易;在国内已进入期货市场的农产品中,大豆、油菜籽等形成了比较完善的品种体系,而小麦、玉米、稻谷等还未形成完善的品种体系。

第三节 农产品市场营销管理

一、市场营销

(一) 市场营销的相关概念

近年来,随着企业在市场中的竞争日益激烈,市场营销在企业发展与运营中的地位越来越重要。在企业的发展过程中,市场就相当于战场,只有科学的营销策略才能促使企业在市场经济环境下健康持续地发展,才能让企业在激烈的竞争中占据足够的优势。企业进行市场营销的主要目的是拓宽销售渠道,并保证销售渠道的稳定性,以提升核心竞争力,在竞争激烈的市场环境中始终立于不败之地。

下面介绍与市场营销相关的一些概念。

(1) 需要、欲望、需求

市场上的需要就是人的感受,人们在某方面没有得到满足,就会产生需要。欲望就是人们的心愿,人们希望能够获取某种东西,从而使得自身的需要得到满足。需求就是一种欲望。对于企业来说,只有高度重视人们的需求,并且进行仔细研究,才会对市场有更准确的判断。

(2) 产品

产品是一种载体,承载着人们的需要和欲望。无论是有形的产品还是无形的产品,无论是精神方面的产品还是物质方面的产品,其最重要的作用就是满足人们的需要和欲望。

(3) 效用、价值

人们在选择产品时,除了会考虑产品是否满足自己的需要之外,还会考虑产品的效用和价值。效用是一个相对主观的概念,是一个产品能否满足人们需要和欲望的能力。而价值则要更加复杂一些。

(4) 交换、交易和关系

营销的发生通常是由于人们对某一种产品产生需要,然后决定进行交换。交换的条件如下:①买卖方至少要有两个;②所交换的产品必须是双方都认为有价值的东西;③交换双方可以决定自己是否接受产品,具有绝对的自由;④交换双方必须具有将货物传送给另一方的能力,同时交换双方必须能够进行沟通和交流;⑤交换双方能够达成共识,并且都认为对方的产品是值得交换的。只有满足上述五个条件,交换才能发生。但是并不是说上述五个条件都符合就一定会发生交换,交换最终能否成功取决于交换双方对于交换产品的条件以及价值是否认同。只要交换双方都认为交换可以使自身得到更大的满足感或者拥有更多的利益,最终交换就会发生。

交换的基本单位是交易。交换不等于交易,它是交易,但是又有着更广泛的内涵。交换就是建立关系的过程。在市场中,市场推销员会尽力建立关系,这种关系是市场推销员和顾客、供应商等之间的关系,是逐渐建立起来的关系,是长期的关系、互利的关系、彼此信任的关系。通过建立关系来进行营销,最终会建立一个网络。这个网络就是营销网络,包含员工、顾客、零售商、供应商等。营销网络中的关系越完善,在市场竞争中就越有优势。

(5) 市场营销者

市场营销者就是交换双方中更主动的一方。

(二) 市场营销环境分析

1. 微观环境

企业营销就是在目标市场进行产品营销,让消费者对企业的产品或者服务产生兴趣,这就要求企业在进行营销管理时对微观环境进行观察和了解。微观环境主要由企业本身、供应商、营销中介等构成。

(1) 企业本身

企业主要通过相关的营销部门进行市场营销。营销部门必须和其他部门打好配合,对工作进行及时、有效的协调,从而使得市场营销可以顺利进行。另外,营销部门还要积极与管理层沟通,保证营销计划符合高层管理部门的需求,并且只有在最高管理层对营销计划表示认可后才可以实施。

(2) 供应商

供应商是提供资源的一方,企业生产的产品或者需要的其他资源都从供应商处获得。供应商可以是企业,也可以是个人。供应商会对企业的市场营销产生影响,主要体现在以下三个方面。

第一,供应商所提供的资源的质量会直接影响产品,只有资源质量足够好,最终产品的质量才有可能好。

第二,供应商所提供的资源的价格在不断发生着变化,而这种变化同样影响着产品。

第三,只有在供应商所提供的资源及时且充足时,企业产品的交货期和销售量才有可能得到保障。

(3) 营销中介

营销中介就是包括中间商、金融机构等在内的对企业进行协助的企业,它们通过帮助企业推广和销售产品,对产品进行合理分配,使得最终用户进行消费。

(4) 顾客市场

顾客就是对企业产品进行消费的对象,企业和各方保持密切联系就是为了使得产品最终可以满足目标市场顾客的需求。顾客市场主要包括以下五种。

第一,消费者市场。个人和家庭都会形成消费者市场,这类市场中的顾客购买产品主要是自身消费。

第二,生产者市场。生产厂商构成了生产者市场,它们从企业购买产品的目的是生产,从而使自身获得利润。

第三,政府市场。政府机构构成了政府市场。政府机构购买产品主要是用于公共服务和保障民生。

第四,中间商市场。中间商市场由中间商构成,这类市场中的顾客的目的是将自己所购买的产品卖给他人,自己从中赚取差价。

第五,国际市场。国外的市场亦称为国际市场,这类市场中的个人和家庭、生产厂商、中间商以及政府机构通过购买产品使自身获得利润。

(5) 竞争者

如今,市场竞争非常激烈,企业要想取得成功,在众多企业中脱颖而出,吸引消费者,就必须将自家产品与别家产品的差异显现出来,形成自身的优势,从而使得消费者可以直接看出企业产品的优点,从而获得消费者的青睐。

（6）公众

公众指的是一个群体，这个群体会影响企业实现目标，这种影响可能是积极的，也可能是消极的。公众分为七类，分别是内部公众、政府公众、地方公众、媒介公众、公民公众、金融公众、一般公众。

2. 宏观环境

由于企业进行市场营销活动无论如何都不可能脱离宏观环境，因此宏观环境一定会影响企业市场营销活动的进行。宏观环境对微观环境进行控制，虽然会为企业提供发展的机会，但是同样也会对企业的发展产生不利的影响。

（1）人口环境

人口在市场营销环境中是非常重要的一个因素，人口决定着市场，没有人口的存在就不会有市场的产生，人口越多，市场的容量就越大。

（2）经济环境

经济环境会对企业的市场营销活动产生非常大的影响，从居民的消费和储蓄，到国内经济形势和世界经济格局，都会对企业的市场营销活动产生影响。

（3）自然环境

自从人类发展工业以来，自然环境遭到了严重的破坏，人们无法保证所有资源的可持续利用，因此必须对资源和环境加以保护。这就决定了在进行市场营销活动的同时必须对自然环境加以保护，这就涉及成本以及人力、物力等各方面的投入，对于企业来说，这是一项挑战。

（4）政治法律环境

政治法律环境是企业运营中不可忽视的外部条件，它融合了政策、法律法规以及国际关系等多重因素。这些因素共同作用于市场，影响着企业的营销策略和决策。企业必须密切关注政治法律环境的变化，深入学习相关政策与法规，确保营销活动合法合规。同时，企业要灵活应对政治法律环境带来的挑战，调整营销策略，以适应市场需求。只有这样，企业才能在激烈的市场竞争中立于不败之地，实现可持续发展。

（5）科学技术环境

社会发展到如今，人类之所以能够取得如此大的成就，就是因为科学技术在不断推动着人类前进。科学技术是第一生产力，企业在发展的过程中应当给予科学技术充分的重视。

(6) 社会文化环境

社会文化主要包括价值观念、伦理观念、道德观念等,是一个国家或者一个地区在漫长的历史发展过程中形成的一种信仰和背景。人们在不同的社会文化环境中成长,所受到的教育是不同的。社会文化会一代代延续下去,并且在发展中不断完善,在这个过程中,人们的消费行为会受到社会文化环境的影响。因此,企业在进行市场营销活动的时候,应该重视社会文化环境对人们产生的影响;在进行商标设计的时候,应对当地文化进行深入了解,尊重人们的习俗;在进行创新的时候,不能违背产品的核心理念,绝不可本末倒置。

(三) 市场营销的主要技巧

营销技巧既是一种工作技能,也是销售能力的体现,其宗旨是动之以情、晓之以理、诱之以利。

1. 势能营销

物理学中的势能是由物体各部分之间的相对位置所确定的能。在市场经济中,任何产品都有价值。当某种产品被市场接受后,就会在交易中产生顾客让渡价值(企业转移的、顾客感受到的实际价值),顾客让渡价值越大,就说明产品越具有吸引力。顾客让渡价值与企业的产品价值有一种高低差,这种高低差可以被称作"势"。"建势"就是开展从产品价值到顾客让渡价值的增值活动,使顾客对产品形成并保持好感的过程。因而,"势能营销"就可以定义为:企业为使产品在向顾客流动过程中形成增值差(即势)而进行的营销活动。

开展势能营销,主要有以下途径。

(1) 产品价值体现

好的产品是企业成功营销的基础。没有好的产品,营销只会徒劳无功。开展势能营销就是要尽力体现产品价值。

(2) 广告宣传

企业可以根据市场需要,利用广告引起顾客对产品的注意,其主要目的是提高顾客的感觉价值。

(3) 现场氛围营造

通过营造销售现场、推广活动现场以及体验活动现场的氛围,可以提高顾客的体验价值。例如,售楼处的销售人员就是通过营造卖场氛围提高顾客体验价值的。

(4) 营销人员培训

由于营销人员与顾客直接接触,他们往往会影响顾客的感觉价值和体验价值,因此企业应对营销人员进行技能以及心理方面的培训,提高营销人员的素质。

(5) 注重售前、售中、售后服务

注重售前服务,绝不怠慢任何顾客,就算销售不成功,也要让顾客满意;加强售中服务,绝不放走任何顾客,并陪伴顾客走完整个办理流程;完善售后服务,让每个顾客都拥有良好的消费体验。

2. 借势营销

所谓借势营销,就是在营销活动中隐藏销售目的,在消费者喜闻乐见的环境中融入要推广的产品,从而在这一环境中,让消费者更加了解产品,让他们更易接受产品的营销手段。

总体来说,借势营销是指借助社会热点、突发事件等外部势能,快速策划并推出营销活动,从而在潜移默化间引导市场消费。换言之,借势营销就是一种营销策略,利用任势、借势、顺势、造势等方式,实现企业美誉度、产品知名度以及品牌形象的提升,最终促成服务或产品的销售。

开展借势营销,主要有以下方法。

(1) 借助"关联"便势促销

这里所说的"关联"指的是相关联的产品。产品不仅具有核心价值,还具有一定的延伸价值,这些价值实现的前提是被消费者察觉。如果两种产品不关联,可以通过特定事件、特定时间实现它们之间的关联。例如,商家平时往往将鲜花和巧克力放在完全不同的货架区域,但是到了情人节那天,完全可以将它们摆放在一起,这样消费者在购买鲜花时,很有可能顺便买一些巧克力。

(2) 借助热销产品推广

一件新品初入市场的时候,可能难以一下子变得"热销"。这时,就可以考虑借助时下的热销产品对新品进行推广。一般来说,商家会在人流量较大的位置摆放热销产品,而消费者也经常驻足在摆放热销产品的货架前,所以,在热销产品旁边放置的产品也能借势获得更多被注意的机会。

(3) 借助对比优势彰显

第一,借助价格优势。假如自己的产品与竞争者的产品属于相同类别,而且两种产品在款式、质量、包装等方面难分伯仲,但自己的产品有着较低的价格,那么,在售卖时,如果让自己的产品陈列在竞争者的产品旁边,就能突显出自身的价格优势。

第二,借助特色优势。如果自己的产品独具特色,那么将自己的产品与竞争者的产品紧贴在一起,便能实现产品与产品之间的鲜明区分。

第三,借助自家产品优势。假如与同行相比,自己的产品线更长,那么依旧能够采用"紧贴陈列"的策略,使得品牌优势更加突出。当自己的产品有着更为鲜明的优势时,应当采用"紧贴陈列"的策略。"紧贴陈列"的策略能够让消费者在购买时进行比较,从而充分借助竞争品牌的相对弱势,突出自身的优势。

当然,企业要认识到,将一种产品与其竞品相比较时,应在包装、性能、价格等方面突出自身优势。因此,企业不仅要树立"紧跟意识",更要在陈列中充分发挥区隔竞品的优势,并将这种优势简单明了地告知消费者。

(4) 借助顾客之势引导

第一,购买行为。企业应当对顾客的购买行为进行观察与分析,找出规律,借势营销,如此获得的效果或许会出乎意料。

第二,购买习惯。分析顾客的购买习惯,并与卖场的某些陈列相结合,这种借势方式也是行之有效的。通过对顾客的购买习惯进行总结,能够发现一定的规律。例如,在卖场中,靠近入口和出口的地方有着最大的人流量,这就是在卖场中顾客行走购物的规律,卖场完全可以根据这一规律对产品进行陈列。

第三,购买心理。顾客的购买心理也值得把握。尽管顾客的心理各种各样,但却不失一定的规律性。在陈列产品时,可以根据顾客的购买心理,创造销售机会。

3. 事件营销

事件营销,是企业通过策划、组织和利用具有新闻价值和社会影响的人物或事件,引起媒体、社会团体和消费者的兴趣与关注,以求提高企业或产品的知名度、美誉度,树立良好的品牌形象,并最终促成产品销售的手段。

(1) 借力模式

将议题尽可能向热点话题靠拢,继而将公众对热点话题的关注转变为对议题的关注,这便是"借力模式"。如果想让借力模式取得成效,就要遵循如下原则。

第一,可控性。所谓"可控性",指的是"借力"处于控制范围内,假如脱离了控制,便很难取得成效。

第二,系统性。所谓"系统性",指的是借助热点话题时,一定要制定一系列与之配套的公共关系策略,并确保落实,将多种手段整合起来,实现结合和转化。

(2) 主动模式

对一些与自身发展需要相结合的议题进行设置,令其经过传播后变为被公众关注的热点,这便是"主动模式"。采用主动模式一定要遵循如下原则。

第一,创新性。要设置有亮点的议题,如若不然,将很难吸引公众的注意力。

第二,公共性。要设置公众关注的议题,防止出现无人问津的情况。

第三,互惠性。如果企业想让自己设置的议题得到公众长期的关注,一定要注重"互惠性",也就是实现自己与消费者的双赢。

(四)市场营销战略分析

1. 市场营销战略内容

市场营销战略是指企业的市场营销部门根据战略规划,在综合考虑外部市场环境及内部资源状况等因素的基础上,确定目标市场,选择相应的市场营销策略组合,并予以有效实施和控制的过程,主要包括产品策略、价格策略、营销渠道策略、促销策略等。

(1) 产品策略

产品策略是市场营销战略的核心,涉及企业提供何种产品或服务来满足市场需求,一般体现在以下几个方面。

① 产品定位:明确产品在目标市场中的定位,了解消费者需求,确定产品的核心竞争优势,并通过差异化战略使产品在竞争中脱颖而出。

② 产品组合:根据市场需求和企业资源,合理组合不同的产品线和产品项目,包括产品线扩展、产品混合销售等,以满足消费者的多样化需求。

③ 产品创新与研发:通过技术创新、设计创新等手段,不断推出新产品或改进现有产品,提高产品的技术含量和竞争力,满足消费者不断变化的需求。

(2) 价格策略

价格策略是市场营销战略中实现产品市场价值和利润最大化的关键,一般体现在以下几个方面。

① 定价方法:包括成本导向定价法、需求导向定价法和竞争导向定价法。企业应根据成本、市场需求和竞争状况等因素,科学合理地设定产品价格。

② 定价策略:包括渗透定价策略、撇脂定价策略、满意定价策略等。企业应根据产品的市场定位、生命周期阶段和目标市场的特征,选择合适的定价策略。

③ 价格调整策略:企业应根据市场变化和竞争态势,灵活调整产品价格,以刺激消费和增加市场份额。

(3) 营销渠道策略

营销渠道策略是企业实现产品销售和服务传递的重要途径,一般体现在以下几个方面。

① 渠道选择:根据产品的特性和目标市场的特征,选择合适的营销渠道,包括直接渠道和间接渠道、长渠道和短渠道、宽渠道和窄渠道等。

② 渠道管理:加强对渠道成员的培训、激励和评估,提高渠道管理效率和服务质量,确保渠道畅通和产品顺利销售。

③ 渠道拓展:根据市场需求和企业发展情况,不断拓展新的营销渠道,以扩大市场覆盖面和提升品牌影响力。

(4) 促销策略

促销策略是市场营销战略中激发消费者购买欲望和促进销售的重要手段,一般体现在以下几个方面。

① 广告促销:通过电视、广播、报纸、网络等媒体传播产品信息,提高品牌知名度和美誉度,吸引潜在消费者。

② 销售促销:通过限时折扣、特价优惠、买一赠一等方法激发消费者的购买欲望。

③ 公共关系促销:通过赞助公益活动、参与社会事件等方式,塑造企业形象和提升品牌声誉,提高消费者对产品的好感度。

2. 市场营销战略规划

(1) 企业总部的战略规划

企业总部一般进行四种规划活动:确定企业使命、建立战略业务单位、为每个战略业务单位分配资源以及评估增长机会。

① 确定企业使命。企业使命是企业发展的灵魂,它明确了企业的存在意义、发展方向和长远目标。在确定使命时,需综合考虑行业特点、市场需求、企业优势等因素。一个明确的使命能够引领企业不断前行,激励员工共同奋斗。例如,某企业可能将其使命设定为"成为行业领先的解决方案提供者,通过创新技术和优质服务,推动社会进步"。这样的使命既体现了企业的行业定位,又彰显了其追求卓越、服务社会的决心。

② 建立战略业务单位。战略业务单位是企业实现使命的载体,可根据企业的业务范畴、资源等因素对其进行划分。每个战略业务单位都应具有明确的业务范围、市场目标和竞争优势。通过建立战略业务单位,企业可以更加清晰地了解自身的业务结构,有针对性地制定发展策略。同时,各个战略业务单位应协同合作,共同推动企业的整体发展。

③ 为每个战略业务单位分配资源。资源是企业发展的基础,合理分配资

源对于战略业务单位至关重要。企业应根据各个战略业务单位的发展需求、市场潜力和盈利能力等因素,科学合理地分配资源。同时,企业还应建立动态的资源调整机制,确保能够随着市场和业务需求的变化而对资源进行灵活调整。

④ 评估增长机会。评估增长机会是企业战略规划的重要环节。企业应对各个战略业务单位的市场环境、竞争态势、技术发展趋势等进行深入分析,识别增长点和潜力所在。企业面临的选择包括密集型增长、一体化增长、多元化增长。

a. 密集型增长。伊戈尔·安索夫(Igor Ansoff)是战略管理的先驱,其贡献主要体现在对战略管理(Strategic Management)的开创性研究上。他首次提出了"公司战略""战略管理""企业竞争优势"等概念,并设计了用于探索密集型增长机会框架的产品市场拓展方格。在该方格中,企业首先需要考虑能否鼓励现有顾客购买或吸引竞争对手的顾客等,从而使其在当前市场中取得更多的市场份额;其次,需要考虑能否为其现有产品找到或开发新市场;再次,需要考虑能否为现有市场开发新产品;最后,需要寻找为新市场开发新产品的机会。

b. 一体化增长。企业可以通过后向一体化、前向一体化提升销售额和获取利润。若上述策略未达预期,则应当考虑多元化战略。

c. 多元化增长。当在现有业务范围以外存在市场机会时,企业采用多元化战略是合理的。多元化战略有三种类型:企业可以寻求能与现有产品形成技术或营销协同优势的新产品,即使这些新产品本身针对的是不同的顾客群体(同心多元化战略);企业可以搜索与现有产品线在技术上不相关但针对现有顾客的新产品(横向多元化战略);企业可以寻找与现有技术、产品或市场毫无关系的新业务(跨行业多元化战略)。

当然,企业不仅要开发新业务,还要审慎地削减、收割或淘汰低效、过时的业务,以便释放资源和降低成本。企业需要将大量的精力放到管理上,重点关注企业的成长机会,而不是把精力和资源浪费在拯救大量亏损的业务上。

(2) 战略业务单位的战略规划

战略业务单位的战略规划过程由六个步骤组成:业务使命的确定、SWOT分析、目标拟定、战略形成、规划制订、执行和反馈。

① 业务使命的确定。每个战略业务单位都需要根据企业使命确定其具体使命。例如,一家电视演播室照明设备企业可以将自己的使命确定为"以主要的电视演播室为目标,成为照明技术的供应商,成为最先进、最可靠的演播室照

明设计的代表之一"。

②SWOT分析。对优势、劣势、机会和威胁进行全面评估被称作"SWOT分析",它包括对内外部环境的分析。战略业务单位必须监控影响其获利能力的宏观环境因素(如政治、经济、法律和社会文化等)与微观环境因素(顾客、竞争对手、分销商和供应商)。对于每种趋势,管理层都需要认清相关的营销机会和威胁。识别环境中有吸引力的机会是一回事,具备能力把握这些机会是另外一回事。因此,每个战略业务单位还必须对自身的优势和劣势进行评估。很明显,战略业务单位没有必要弥补业务的所有劣势,也不应该对业务的优势感到心满意足,最关键的问题是确定业务是应该只局限在那些已经拥有必要优势的机会中,还是应该寻找更好的机会去获取和发展某些优势。

③目标拟定。通过SWOT分析,战略业务单位明确了自身面临的机会和威胁,认清了自己的优势和劣势,在此基础上就可以设定具体的营销目标。营销目标是指在计划期内所要达到的目标,是营销计划的核心部分,对营销策略和行动方案的拟定具有指导作用。营销目标是在分析营销现状并预测未来的机会和威胁的基础上确定的,一般包括财务目标和营销目标两类。其中,财务目标由利润额、销售额、投资收益率等指标组成;营销目标由市场占有率、分销网覆盖面、价格水平等指标组成。在拟定营销目标前,需要先审视营销计划中的销售目标、目标市场以及经营评估中的问题点与机会点。在拟定可行的营销目标时,以下项目都可提供指引。

a. 审视销售目标。研究经营评估所汇集的数据之后,才能设定销售目标,因此销售目标能直接反映企业在下一年度达到预测销量的能力。审视销售目标以及了解将销售目标设定低、中、高水准的理由,能够为企业是否需要争取新顾客提供决策参考。

b. 审视目标市场。目标市场是达到销售目标所需要的来源或源流。销售额不是来自现有顾客,就是来自新顾客。审视经营评估中的目标市场及营销计划之后,营销人员即可界定目标市场的大小和现有顾客基础的大小。审视销售目标及目标市场的大小后,营销人员即可算出营销目标的总数,同时也能知道营销目标是否合理以及是否有助于达到销售目标。

c. 审视问题点与机会点。审视问题点与机会点有助于了解营销目标的内容以及每一个问题点与机会点和目标市场行为的关系。营销目标的基础就是解决这些问题或指出这些机会。

d. 列出理由。假设产品处在产品生命周期的早期阶段,要确定销售目标是实现销售额增长到原来的 1.5 倍还是实现 2 500 万元的销售额,审视销售目标和目标市场就成为很重要的工作了。

④ 战略形成。战略形成是指在对企业内外部条件进行分析的基础上,根据企业使命及战略目标,通过选择合适的经营战略,设计经营战略方案并做出评价与决策,同时制定阐明经营战略的政策,最终形成经营战略的过程。以下列举三种通用的战略类型。

a. 总成本领先战略。这种战略要求企业建立高效的规模化的生产设施,在现有的基础上全力降低研发、营销推广等方面的成本。为了达到上述目标,就要在管理层面给予成本高度的重视。尽管质量、服务以及其他方面也不容忽视,但贯穿整个战略的是成本。如果某家企业的成本较低,那么意味着当别的企业在竞争过程中无法获得利润时,这家企业依然可能获得利润。

b. 差异化战略。差异化战略是指将产品或服务差异化。实现差异化战略的方式有许多,比如塑造独特的品牌形象、提供专业的售后服务等。

c. 专一化战略。专一化战略是指专注于某个特殊的顾客群、某一产品线的一个细分区段或某一市场。正如差异化战略一样,专一化战略也有很多实现方式。总成本领先战略与差异化战略都是要在全产业范围内实现企业目标,而专一化战略则是为实现企业目标而服务,其中包括的每一项职能方针都要围绕这一中心思想。专一化战略依靠的前提是,专一化的业务能够以较高的效率、较好的效果为某一狭窄的战略对象服务,从而使企业超过在较大范围内与之竞争的对手们。这样做的结果是,企业或者通过满足特殊对象的需要而实现了差异化,或者在为这一对象服务时实现了低成本,甚至二者兼得。

针对相同目标市场采用相同战略的企业构成了战略群体。具有明确战略的企业将取得较大的利润。而那些没有明确的战略却试图使战略的各个方面都执行得很好的企业,往往无法获得期望的利润。

要想有效运作,企业需要战略伙伴。即使是大型公司(如 IBM、飞利浦等),如果不与可补充其资源的国内公司或跨国公司结盟,那么无论是在国内还是在国外,也无法取得领导地位。营销联盟涉及物流合作(递送或分销互补的产品)、定价协同(捆绑供应品或提供价格折扣)、联合推广(推广互补的供应品)等。

⑤ 规划制订。战略业务单位一旦制定了自己的主要战略,就必须制订详细的规划。战略业务单位要想取得技术领先地位,就必须加强对研发人员、网络技术人才以及销售人员的培训,开发具有领先优势的产品,并利用广告宣传其

技术、产品和服务。同时战略业务单位必须估算每个规划所涉及的费用,以确定其所产生的收益是否足以弥补实施成本,这是在规划制订中需要重点考虑的内容。

⑥ 执行和反馈。如果战略实施效果不佳,那么再好的营销战略也难以发挥作用。实际上,战略是优秀企业应具备的七个基本要素(7S)之一。在7S框架中,战略、结构和系统被认为是企业成功的"硬件",而风格(员工的思考和行为方式)、技能(执行战略的能力)、人员(经过适当培训的人才)和共同的价值观(指导员工行动的价值观)则是"软件"。具备了上述软件要素后,企业在实施战略时通常能取得成功。实施战略时,企业需要对结果进行跟踪,并检测内外部环境的新变化。有些环境年复一年稳定不变;有些环境基本按照预计的方式缓慢变化;而有些环境则以无法预料的方式发生迅速、显著的变化。不管怎样,企业必须牢记:内外部环境会发生变化,当环境发生变化后,需要及时审视并修改其战略规划。

(3) 产品规划的主要内容

具体来说,产品规划是指产品规划人员通过调查研究,在了解市场环境、客户需求、竞争对手情况、外部机会与风险以及技术发展态势的基础上,根据企业自身的情况和发展方向,制定可以把握市场机会并满足消费者需求的战略的过程。产品规划的内容包括产品系列化规划、各机型定位规划、产品长度和宽度规划、产品生命周期规划等。产品规划是一项复杂的工作,包含多方面的内容,主要如下。

① 市场与行业研究。产品规划人员需要研究如下内容:与产品发展和市场开拓相关的各种信息,包括来自市场、销售渠道和内部的信息;用户提出或反馈的需求信息;竞争对手的情况;产品的市场定位;产品发展战略;等等。

② 沟通。产品规划人员应及时与消费者以及企业内部的开发人员、管理人员等保持良好的沟通,这种沟通不应局限于规划阶段,而应覆盖整个产品生命周期。

③ 数据收集与分析。产品规划工作中最基本也最重要的一项内容就是收集与产品规划相关的各类数据,并对这些数据进行科学的分析。

④ 提出产品发展的远景目标。产品规划工作的基本任务是提出产品发展的远景目标,并通过各种沟通渠道让企业内部的相关人员熟悉和理解这一远景目标。

⑤ 制订长期的产品计划。除了要提出当前产品发展的远景目标外,产品规划人员还要负责对产品的长期发展计划(如3~5年内的发展计划)进行设计和

描述。

产品规划工作不受产品开发周期的约束。也就是说,产品规划通常会跨越整个产品开发周期。在产品开发周期的每个阶段,产品规划人员的工作方式并没有明显的不同,他们会随时了解市场、技术等方面的情况,并根据内、外部环境的各种变化调整或完善产品规划。

大多数营销规划的期限是一年,并且详略程度会有所不同。有些企业对营销规划非常重视,而有些企业只是把它当作一个粗略的行动指南。根据营销经理的观点,营销规划最常被提到的缺点是缺乏现实性、缺少竞争分析和过于注重短期效益。

(五) 市场营销管理

1. 市场营销管理的任务

如今,市场营销已经成为各个企业抢占市场份额的首要工作,与此同时,市场营销也成了提升企业市场竞争力的必要途径。市场营销管理的任务是根据不同的需求状况,提出有效的应对措施。

(1) 负需求

负需求是指全部或大部分潜在消费者对某种商品不仅没有需求,甚至会厌恶它。在这种情况下,市场营销管理的任务是改变(或扭转)消费者的抵触心理,使负需求转变为正需求。也就是说,企业需要分析消费者为什么不喜欢某种商品、是否需要重新设计商品以及是否需要调整商品价格等。

(2) 无需求

无需求是指消费者对某种商品漠不关心,没有兴趣。无需求形成的原因通常是消费者对新商品不了解,或者新商品对消费者来说不是必要的。此时,市场营销管理的任务是激发消费者的需求和欲望,如改变目标市场的营销环境、改进商品的造型、调整销售渠道、增加销售网点、加大促销力度等。

(3) 潜在需求

潜在需求一般是指消费者对现实市场上还不存在的商品有需求或欲望。或者说,市场上存在某种商品,消费者想购买它,但其购买力达不到,这就是一种潜在需求。因此,市场营销管理的任务是努力开发能够满足消费者潜在需求的新商品,或者通过分期付款等方式将消费者的潜在需求变成现实需求。

(4) 下降需求

下降需求是指市场上的消费者对某商品的需求量呈现下降趋势的一种需求。在这种情况下,市场营销管理的任务是采取适当的市场营销措施,消除引起需求量下降的因素,扭转需求量下降的趋势。具体措施包括突出产品特色、完善产品性能、开发新的营销渠道、开辟新的目标市场等。

(5) 不规则需求

不规则需求是指在一段时间内某些商品的需求量出现大幅波动的需求状况。在出现不规则需求的情况下,对于某些商品,经常会出现需求量和供给量不协调的现象,例如,某些季节性较强的商品。因此,市场营销管理的任务就是调节需求,通过各种措施使市场供给与需求在时间上协调一致。例如,采用需求定价策略及灵活多样的促销方式来鼓励消费,从而变不规则需求为均衡需求。

(6) 充分需求

充分需求是指某商品的需求量与预期需求量相等的需求状况,这是企业期望的一种需求状况。但是,充分需求的状况经常因消费者的偏好和兴趣以及企业与同行业者之间的竞争而发生变化。因此,市场营销管理的任务就是采取措施,尽量将这种理想的需求状况保持下去。例如,通过提高商品质量、密切关注市场营销环境、准确把握消费者满意度、鼓励推销人员和经销商大力推销等方式,来尽可能长时间地维持这种需求状况。

(7) 过量需求

过量需求是指市场对某种商品的需求水平超过了企业所能供给或愿意供给的水平的一种需求状况。在这种需求状况下,市场营销管理的任务是减少需求,可以采取的措施有提高价格、减少服务项目、缩减供应网点等。需要注意的是,采取这些措施可能引起消费者不满,营销者要有思想准备。

(8) 有害需求

有些产品对消费者、社会公众或供应者有害无益,对这种产品的需求就是有害需求。市场营销管理的任务就是抵制和消除这种需求。比如,通过大力宣传有害产品对人们的严重危害、大幅度提高有害产品的价格等措施,劝导喜爱有害产品的消费者放弃这种有害需求。

2. 市场营销管理的过程

市场营销管理过程就是企业为实现其任务和目标而发现、分析、选择和利用市场机会的管理过程。市场营销管理过程的步骤包括:制订营销规划和拟定营销目标;分析市场机会;研究和选择目标市场;设计市场营销组合;组织、实施和控制市场营销工作。

(1) 制订营销规划和拟定营销目标

企业家们要想把企业做大做强,就必须制订有效的、切实可行的营销规划。

一个企业的总体目标一般由一系列具体目标所组成,每个部门经理负责执行本部门的具体目标,这称为目标管理。在制定本企业总体目标时,企业必须明确自身在行业中所处的环境。只有适应这种环境,企业才能实现各项营销规划。

(2) 分析市场机会

市场机会是指未满足的需求,即潜在的商业机会。企业可以通过两种方法来寻找新的市场机会:一是非系统方法;二是系统方法。

许多企业采用非系统方法搜集信息资料,随时关注市场变化。事实上,许多信息资料都是通过非正式的方法获取的。

(3) 研究和选择目标市场

要想把握市场机会,必须结合市场规模和市场结构进行分析。这不仅有利于缩小选择范围,还有利于企业确定目标市场。这项工作包括以下四个步骤。

第一,市场规模预测。要估计现有市场规模,企业必须弄清楚所有在市场上销售的同类产品的销售量。

第二,市场细分。为了保证自己的产品满足某一特定顾客群的需要,企业需要按照不同的需求特征把顾客分成若干个部分,即把整个市场分成若干个子市场。划分市场的方法有很多种,通常基于地理、人口、经济、心理、行为等因素进行划分。大多数企业通过市场细分将有限的资源集中在一个或几个细分市场上。

第三,确定目标市场。确定目标市场指企业在市场细分的基础上,有选择地进入一个或几个细分市场,即企业的目标市场。目标市场应具备一定规模的需求,且企业有能力满足这些需求。

第四,市场定位。企业选定了自己的目标市场后,还需要进行市场定位。市场定位就是为使某种产品在市场上以及在目标消费者心目中占有明确的、突出的和必要的位置而做出的决策。这样,企业可迅速发现市场机会,使其产品或服务较易打入市场,取得较大的市场优势。

(4) 设计市场营销组合

企业在选择目标市场并进行市场定位后,下一步就是设计市场营销组合。这主要包括分析市场营销组合因素、制定市场营销战略等。

营销组合就是企业的综合营销方案,是指企业针对目标市场的需要对内部可控制的各种营销因素(如质量、包装、价格、渠道等)的优化组合和综合运用。

(5) 组织、实施和控制市场营销工作

第一,市场营销工作的组织。市场营销工作的组织是一个精心策划与协调的过程。首先,要明确市场营销的核心目标,确保所有活动都围绕这一目标展开。其次,需要构建一个高效协同的市场营销团队,明确各个成员的职责与分工。再次,要合理分配市场营销资源,确保关键领域得到充分支持,并在此基础上,制订详细的市场营销计划,明确活动的时间表、执行步骤和预期成果。在执行过程中,要注重团队间的沟通与协作,确保计划顺利推进。最后,要建立有效的监控与评估机制,及时跟踪市场营销活动的进展,发现问题并调整策略。通过这样一系列的组织工作,企业能够有序、高效地开展市场营销活动,提升品牌影响力,拓展市场份额,实现可持续发展。

第二,市场营销工作的实施。市场营销工作的实施是指企业为实现其战略目标,将营销战略和营销方案转化为具体行动计划的过程。为使营销计划得到实施,企业不仅要使营销系统中的各级人员保持协调一致,还要让营销部门与财务部门、生产部门、人事部门、采购部门等其他相关部门密切配合。

第三,市场营销工作的控制。在市场营销计划的实施过程中,可能会出现很多意想不到的问题,因此需要一个控制系统来保证营销目标的实现。市场营销控制有以下好处:保障企业的日常经营;帮助企业及时发现问题,避免潜在风险;监督和激励企业的相关部门。

市场营销控制包括年度计划控制、盈利控制和战略控制三种不同的控制过程。年度计划控制主要是检查营销活动的结果是否达到了年度计划的要求,并在必要时采取调整和纠正措施。盈利控制的目的是确定不同产品、不同销售地区、不同顾客群和不同分销渠道的实际获利能力。战略控制的目的则是审查企业是否抓住了市场机会,以及是否能够适应迅速变化的市场营销环境。

二、农产品目标市场营销

目标市场营销是指企业识别各个不同的购买者群体,选择其中一个或几个作为目标市场,运用适当的市场营销组合,集中力量为目标市场服务,满足目标市场的需求。农产品目标市场营销通常由三个步骤组成:农产品市场细分、农产品目标市场选择和农产品市场定位。

(一)农产品市场细分

农产品市场细分是根据农产品总体市场中不同地域的消费者在需求特点、购买行为和购买习惯等方面的差异,将农产品总体市场划分为若干个不同类型消费者群体的过程。每一个消费者群体都构成一个具有相似需求和欲望的细分市场。农产品市场细分是对消费者的不同需求或行为的分类,而不是对农产品或企业的分类。

1. 农产品市场细分的标准

农产品市场细分依据常用的四大细分变量。

(1) 地理细分

地理细分是指根据消费者所处的地理位置和地理环境细分消费市场,细分标准包括地区、气候、地形等指标。其细分依据是:生活在不同地理位置的消费者对农产品有着不同的需求和偏好。企业可以在一个或几个地区经营,也可以在整个地区经营,但应注意地区间消费需求的差异性。

(2) 人口细分

人口是市场的三要素之一。人口细分是指根据消费者的国籍、民族、年龄、性别、职业、收入、家庭背景、受教育水平等人口统计变量,将消费者划分为若干个不同的群体。人口细分变量是农产品市场细分的重要标志,也是四大细分变量中最容易测量的。例如,通常情况下,收入与受教育水平越高,消费者就越注重农产品的质量与安全,因此可按照质优价高的标准对农产品市场进行细分。

(3) 心理细分

心理细分是指按照消费者的个性或生活方式等变量对农产品市场进行细分。随着社会经济的发展以及人们生活水平的提高,消费者选购农产品时受心理因素的影响越来越大。由于消费者的需求具有可诱导性,因此企业可以采取一些措施激发其购买欲望,进而使其产生购买行为。例如,农产品质量安全问题频发会影响消费者对农产品销售场所的选择,规范化运营的大型商超就成了其购物的首选。

(4) 行为细分

行为细分是指按照消费者的购买行为因素(如使用情况、购买习惯、使用频率、品牌忠诚度等)对农产品市场进行划分。例如,根据消费者的忠诚度,可将其分为无忠诚的消费者、一般忠诚的消费者、强烈忠诚的消费者、绝对忠诚的消费者等。行为细分变量中对消费者影响最大的是品牌,尤其是农产品加工市场中的品牌。例如,牛奶市场中的"伊利"、"佳宝"和"得益"等都有各自的忠诚消费者群体,但在一定程度上又存在差异,因此形成了各自的细分市场。

2. 农产品市场细分的关键

① 市场细分的细分变量不是一成不变的,而是动态的,需要随着社会生产力与市场供求状况的变化而灵活调整。

② 由于企业间的生产技术条件、营销资源状况和产品情况等存在差异,因

此对同一市场进行细分时,不同的企业应采用不同的细分标准。

③ 对农产品市场进行细分时,可以采用单因素细分法、综合因素细分法或系列因素细分法。

(二) 农产品目标市场选择

农产品市场细分的目的在于有效地选择并进入目标市场。农产品目标市场是指农业企业或农产品营销组织决定进入并为其服务的农产品市场。农产品目标市场的选择一般是指在农产品市场细分的基础上,选择一个或几个细分市场作为营销对象。

1. 农产品目标市场的必备条件

(1) 有一定的规模和发展潜力

一方面,农产品目标市场要有一定的规模,即具有一定数量的消费者,并保证企业有利可图。另一方面,农产品目标市场要有一定的发展潜力,要适应企业长远的发展战略。

(2) 有一定的购买力

只有具备了一定购买力的农产品市场才能成为企业的农产品目标市场,才能给企业带来足够的销售收入。企业在确定农产品目标市场时,首先要进行消费者购买力分析,具有潜在需求但并不具备购买力的农产品市场是不能作为农产品目标市场的。在分析购买力时,一方面要分析消费者的收入和经济实力,另一方面要研究消费者的偏好和倾向。

(3) 尚未被竞争对手控制

企业在确定农产品目标市场时还要考虑市场中的竞争状况。如果市场尚未被竞争对手完全控制,那么企业在该市场仍有发挥竞争优势的空间;如果竞争对手仅在表面上控制了市场,而企业自身的实力又较为雄厚,那么企业仍然可以设法进入该市场参与竞争,使竞争与协作并举,配合公关和行政等手段,在市场中占有一席之地。

(4) 符合企业现有的资源条件

企业在选择农产品目标市场时还需要重点考虑自身现有的资源条件,只有当企业的人力、物力、财力以及管理水平满足条件时,才能将某一子市场作为自己的目标市场。

2. 农产品目标市场的营销策略

在许多可供选择的细分市场中,企业是选择一个还是多个细分市场作为目标市场,是企业营销的重要战略性决策。通常有以下三种营销策略可供选择。

(1) 无差异性市场营销策略

无差异性市场营销策略是指企业在进行市场细分后,不考虑各个细分市场间的差异,而只注重细分市场的共性,把所有子市场(即农产品市场的总体市场)作为一个大的目标市场,只推出一种农产品并制定单一的市场营销组合,力求在一定程度上满足尽可能多的消费者需求。当消费者对农产品的需求差异不大时,适合采用无差异性市场营销策略。无差异性市场营销策略的优点是,由于农产品单一,可以实现规模化生产、储存、运输和销售,因而可以降低单位农产品的成本。

(2) 差异性市场营销策略

差异性市场营销策略是指企业针对各个细分市场中消费者对农产品的差异性需求生产不同的农产品,并运用不同的营销组合满足不同子市场的需求。该策略适用于大型农业企业,小型农业企业和单个农业生产者不适宜采用该策略。差异性市场营销策略的优点是,通过生产经营多种农产品,满足不同消费者的需求,可以扩大农产品的销售范围,提高农产品的总销售量,增加企业的销售收入和利润。

在农产品市场产品同质化水平较高的情况下,采用差异性市场营销策略对企业而言意义重大。采用该策略时,企业进行的是小批量、多品种的生产,比如面粉生产者推出加工程度不同、规格不同和包装不同的面粉。采用这一策略的农业生产者,特别是规模较小的农业生产者,不宜将目标市场分得太细,因为过细的差异化营销会使营销费用较高。

(3) 集中性市场营销策略

集中性市场营销策略是指企业集中全部资源和力量,仅选择一个或少数几个性质相似的子市场作为目标市场,只生产一种较理想的农产品,实行专业化经营,力求在较少的子市场上获得较大的市场占有率。该策略一般被资源条件较差的企业或单个农业生产者所采用。集中性市场营销策略的优点是企业可以将资源集中于少数几个子市场,从而快速占领市场,树立良好的企业形象,节约营销成本,获得较高的投资利润率。

(三) 农产品市场定位

农产品市场定位是指农业经营者根据竞争者现有农产品在市场上所处的位置,针对顾客对该农产品某种特征或属性的重视程度,强力塑造本企业农产品与众不同的形象,并把其形象生动地传递给顾客,从而确定该农产品在市场上的适当位置。农产品的形象可以通过产品实体体现出来,也可以通过顾客心理反映出来,还可以从价格、质量、档次等方面表现出来。

1. 农产品市场定位的步骤

① 分析目标市场的现状,确定本企业潜在的竞争优势。企业营销人员应该通过调查分析,了解目标顾客对于农产品的需求及其欲望的满足程度,了解竞争对手的产品定位情况,明确本企业潜在的竞争优势。

② 准确选择竞争优势,对目标市场进行初步定位。企业应从经营管理、技术开发、采购供应、产品营销等方面与竞争对手进行比较,准确地评价本企业的实力,确定优于对手的竞争优势。

③ 准确传达独特的竞争优势。企业应通过一系列的宣传活动,将其独特的竞争优势准确地传达给潜在顾客,并在顾客心目中留下深刻印象。首先,企业应使目标顾客了解、认同、喜欢和偏爱本企业的市场定位;其次,企业应努力强化目标顾客对自身形象的认知,以巩固市场定位;最后,企业应密切关注目标顾客对市场定位理解的偏差,当企业的形象与市场定位不一致时,要及时进行调整。

2. 农产品市场定位的策略

(1) 避强定位策略

避强定位策略是指企业力图避免与实力最强的或较强的其他企业直接进行竞争,将自己的产品定位于另一市场区域内,使自己的产品在某些特征或属性方面与最强或较强的对手有显著的区别。避强定位策略的优点是能够使企业比较快速地在市场上站稳脚跟,并在顾客心目中留下印象。同时避强定位策略还可以降低市场风险,提高营销成功率。

(2) 迎头定位策略

迎头定位策略是指企业直接选择与市场中的主导者在同一细分市场展开正面竞争,争夺相同的目标顾客群体。迎头定位策略的优点是企业在竞争过程中往往会非常引人注目,甚至产生所谓的轰动效应,企业及其产品可以较快地为顾客所了解,便于企业树立市场形象。

(3) 创新定位策略

创新定位策略是指企业寻找新的尚未被占领但有潜在市场需求的位置,填补市场上的空缺,生产市场上没有的、具备某种特色的产品。采用这种定位策略时,企业应明确创新定位所需的产品在技术、经济上是否可行,有无足够的市场容量,能否为企业带来持续的利润。

(4) 重新定位策略

重新定位策略是指企业为已在某市场销售的产品重新确定某种形象,改变顾客原有认知,为产品争取有利市场地位的活动。当企业的产品在市场上的定位出现偏差、产品在目标顾客心中的位置和企业的定位期望产生分歧、顾客偏好发生变化时,企业往往需要考虑重新定位,以摆脱困境。市场重新定位对于企业适应市场营销环境的变化是必不可少的,但在进行重新定位时,必须考虑由此产生的成本及预期效益。

三、农产品市场营销组合

农产品市场营销组合是指农业经营者为了扩大农产品销售范围,实现预期销售目标,对可控制的各种营销因素进行合理组合与运用。20世纪50年代初,根据需求中心论的营销观念,美国的杰罗姆·麦卡锡教授把企业开展营销活动的可控因素归纳为四类,即产品(Product)、价格(Price)、渠道(Place)和促销(Promotion),提出了市场营销的4P组合。到20世纪80年代,随着大市场营销观念的提出,美国营销专家菲利普·科特勒提出把政治力量(Political Power)和公共关系(Public Relation)作为企业开展营销活动的可控因素加以运用,为企业创造良好的国际市场营销环境,从而形成了市场营销的6P组合。

(一) 产品策略

产品策略是指农业企业或农产品经营者根据目标市场的需要做出的与新产品开发有关的计划和决策,一般包括农产品的效用、质量、外观、式样、品牌、包装、规格等。产品策略是市场营销战略的核心,定价策略、渠道策略、促销策略等都要围绕产品策略展开。离开了产品,就无法满足消费者的需要,其他营销活动也就无从谈起。因此,农产品策略是农产品市场营销组合策略的基础,其具体内容如下。

第一,开发优质农产品。我国农产品市场中长期存在产品同质化和价格较低的现象,而优质农产品则相对不足。随着人们收入水平的提高及消费观念的改变,人们对优质农产品的需求越来越大。开发适销对路的优质农产品,既能满足消费者的需要,又能提高农产品的附加值和增加农民的收入。

第二,注重农产品的包装设计。农产品包装在农产品营销中具有双重作用,即对农产品的保护作用和促进农产品销售的作用。精心设计符合农产品特色的包装,既可以保证农产品的品质,又可以提高农产品的档次和附加值。

第三,打造农产品品牌。随着社会经济的发展,消费者在消费中越来越注重个性化。消费者在选购农产品时非常注重品牌的选择,偏爱购买具有较高知名度品牌的农产品。因此,农产品经营者要树立品牌意识,培育强势品牌,提供差异化产品,提升农产品的市场竞争力。

(二) 定价策略

定价策略是指农业企业或农产品经营者为了销售农产品和提供劳务服务所实施的决策,一般包括农产品的基本价格、折扣、付款方式和信贷条件等。定价策略是市场营销组合中最活跃的因素,企业在定价时既要考虑消费者的支付能力,又要考虑企业的成本和期望获得的利润。对农产品进行定价时,应在充分考虑各种因素的前提下,以成本为底线,遵循优质优价的原则。由于农产品具有易腐、不易长时间储存及消费弹性小的特征,因此农产品的定价具有较强的灵活性。

(三) 渠道策略

渠道策略是指农业企业或农产品经营者为了使其产品进入目标市场所进行的各种活动,涉及农产品的储存、运输等。销售渠道是营销组合的重要因素,且极大地影响着营销组合的其他因素。常见的农产品销售渠道如下。

第一,专业市场。专业市场是最常见的农产品销售渠道,其优势在于销售集中、吞吐力强、信息集中处理和反应迅速。

第二,贸易公司。贸易公司作为农产品销售的中间商,有自己的利益要求,农产品经营者要重视渠道伙伴关系,充分关注中间商的利益,最大限度地调动他们的积极性,实现双赢。

第三,大型超市。随着经济的发展,顾客的购买方式发生了变化,越来越多的顾客习惯到大型超市集中购买产品。大型超市中的农产品专柜能够吸引广大顾客,有利于提高农产品的档次。

(四) 促销策略

促销策略是市场营销组合的重要组成部分,在企业的营销活动中具有十分重要的作用。运用促销策略要慎重,最重要的是要围绕营销目标合理地确定促销预算,在促销预算范围内有选择地运用人员推销、营销广告、营业推广和公共关系等促销手段进行促销。

第四节 网络营销与农产品网络营销

一、网络营销

(一) 网络营销的内涵

网络营销是一门新兴学科,尽管目前并没有完整、统一的定义,但它已在商业世界中崭露头角。网络营销是一种策略活动,其本质在于以互联网媒体为基础,通过整合其他媒体工具,运用互联网的特性和理念来实施营销活动,以更有效地推动品牌的延伸,并促成个人和组织之间的交易活动。企业利用网络来宣传品牌、营销商品或服务,旨在吸引消费者进入目标网站并促使他们购买商品或服务。

网络营销建立在互联网的基础之上,它借助互联网的力量满足消费者的需求,为他们创造价值。与传统的营销方法相比,网络营销不局限于特定的方法或平台,它是一个综合性的概念,包括规划、实施、运营和管理等多个方面,贯穿于企业开展网络活动的整个过程。

在网络营销中,品牌宣传是至关重要的一环。企业能够通过网络媒体(如博客、论坛等)传播品牌信息,提升品牌知名度。同时,借助搜索引擎优化和搜索引擎营销等技术手段,企业能够提高在搜索引擎中的排名和网站的曝光度,从而吸引更多潜在客户。另外,网络营销还涉及数据分析和市场研究。通过收集和分析用户行为数据、市场趋势和竞争情报,企业能够更好地了解目标受众和市场需求,制定更准确的营销策略和决策。

在网络营销过程中,企业需要进行规划、实施、运营和管理等方面的工作。规划阶段包括确定目标受众、制定营销策略以及分配相应的资源。实施阶段涉及在各个平台上发布内容、展示广告、开展促销活动等。运营阶段包括监测和管理营销活动的效果以及数据分析等。管理阶段涉及团队的管理、预算的控制、合作伙伴的管理等。

(二) 网络营销的优势

1. 降低企业的交易成本

对于企业来说,网络营销极具诱惑力的一点便是可以降低企业的交易成本,这主要体现在以下三个方面。

(1) 降低采购成本

企业采购原材料是一个烦琐、复杂的过程。借助电子商务平台,企业可以加强与主要供应商之间的合作关系,将原材料的采购过程与商品的制造过程有机地结合起来,形成一体化的信息传递和信息处理体系,简化采购程序。

(2) 降低促销成本

与传统营销方法相比,网络营销的促销成本降低了不少,主要体现在以下两方面。一方面,商品特征、公司简介等信息存储在网络空间,可供消费者随时查询,所有的营销材料都可直接在线上更新,从而节省了打印、包装和存储等费用。另一方面,与传统的广告相比,无论是宣传的广度还是宣传的深度,网络广告都具有明显的优势,节省了广告宣传费用。

(3) 降低售后服务成本

网络营销在提高售后服务效率的同时,也大幅降低了售后服务成本。在传统的营销模式下,售后服务人员主要通过电话、书信等手段与消费者沟通,不仅需要时间和精力,还经常会造成延误,使本可以快速解决的问题演变为消费者不满甚至退货。而在网络营销模式下,企业与消费者之间可通过各类通信软件及时交流和解决问题。另外,企业可在网页上提供"商品注意事项""问题解答""使用程序"等资料,以便消费者随时查询。综上,网络营销大幅降低了售后服务成本,提高了售后服务质量。

2. 互动性强

网络是一个互动信息传输通道。网络营销突破了传统营销模式的单向性,互动性极强。无论是大型企业,还是中小型企业,都可以通过线上讨论、发送电子邮件等方式,以较低的成本在营销过程中即时地收集信息。也正是基于这种极强的互动性,在企业进行网络营销的同时,消费者也可通过互联网对企业和商品进行关注与讨论,并有可能针对商品的设计、包装、定价和服务等问题发表意见。这种双向互动的沟通方式不仅提高了消费者的积极性以及企业营销策略的针对性,还有助于实现企业的营销目标。

3. 宣传范围广

网络营销并不局限于某一地区或某一国家,其宣传范围可扩展至全世界,能使企业品牌超越空间的限制进行传播。在传统的市场营销中,企业品牌以一个区域为主要宣传点,这样就造成了品牌推广的局限性;而选择网络营销,企业则可以有效地解决品牌推广具有局限性这一难题。

4. 持续时间长

通过将商品发布到互联网上,企业可以实现商品24小时不间断的持续性展示。不同于传统的推广方式,网络营销可以让企业的品牌长时间停留在互联网上,从而避免消费者群体因一时不察而忽略整个品牌。这种不中断的营销方式,使得消费者在任何时间都有机会参与到企业的营销活动当中。

5. 传播速度快

网络营销的传播速度是毋庸置疑的,这得益于网络中社交群体、朋友圈之间信息的高效传输。网络营销真正达到了"一传十、十传百、百传千"的效果,好的商品和品牌在网络营销中能够快速形成口碑进行传播。

(三)网络营销的分类

1. 搜索引擎营销

搜索引擎营销是以搜索引擎平台为基础的网络营销,其表现为:在人们使用搜索引擎时,企业的营销信息将自动出现在搜索的信息中。这种营销方式能有效地将营销信息传递给目标用户,是目前主要的网络营销方式之一。具体而言,搜索引擎营销的主要方法有关键词竞价排名、分类目录登录和搜索引擎优化。

(1)关键词竞价排名

关键词竞价排名是一种由企业为自己网页购买关键词排名,并按点击付费的营销模式。付费后,企业的网站就能被搜索引擎收录,搜索引擎按单次点击付费越高排名越靠前的原则进行排列。常见的搜索引擎有百度、搜狗等。在搜索引擎中,企业可以通过调整每次点击付费的价格,控制自己的网站在特定关键词搜索结果中的排名,并可以通过设置不同的关键词来捕捉不同类型的目标用户。

以百度竞价排名为例,对关键词竞价排名进行具体说明。百度竞价排名是一种按搜索效果付费的网络推广方式,它按照给企业带来的访问量计费。企业可以根据自己的需要,灵活控制推广力度和投入力度,从而使网络推广获得理想的回报。百度竞价的具体操作流程如下:企业建立自己的网站或在其他企业平台上建立网页;通过百度推广的资质审核;企业选择推广关键词,百度联盟网站发布推广信息;潜在用户在百度中搜索或者浏览百度联盟,点击企业推广信息;用户与企业进行洽谈,达成交易。

(2) 分类目录登录

分类目录登录是一种比较常用的网站推广手段,企业可以免费向百度申请将网站收入分类目录,以获得更高的曝光度和被搜索引擎抓取的概率。在采用这种网站推广手段时,需注意以下几点。第一,提交的频率不能太高,可保持2~3个月一次的频率,切忌重复提交。第二,一定要认真填写网站分类信息,不能填写虚假信息。第三,网站描述信息要尽量简洁、明确,最好根据网站的关键字来展开描述,突出重点。第四,关键词不能太多,3~4个比较合适。第五,网站收录的时间可能较长,应耐心等待并做好站内优化。

(3) 搜索引擎优化

搜索引擎优化分为站内搜索引擎优化和站外搜索引擎优化。

站内搜索引擎优化主要通过 META 标签优化、内部链接优化和网站内容优化来进行。

① META 标签优化。META 标签是网页 HTML 源代码中用来描述网页文档属性的标签,包括网页标题(Title)、关键词(Keywords)、描述(Description)、作者(Author)等内容。在浏览器中选择"查看"菜单,在弹出的菜单中选择"查看网页源代码"或"源文件"即可查看 META 标签。META 标签中最重要的内容是关键词和描述,因此一定要保证这两个标签内容的完整性,只有这样才能让搜索引擎准确地发现自己的网站,吸引更多用户访问。设置关键词时,尽量不要使用太笼统的词汇,要保证关键词精准且密度不能太高。

② 内部链接优化。内部链接主要是网站中的相关性链接、导航链接和图片链接。要保证这些链接的指向正确且有效。

③ 网站内容优化。对网站内容进行优化,主要是保持内容的更新。

站外搜索引擎优化是指优化外部链接,使链接真实自然并合理地递增。增加外部链接可以采取两种方法:一是链接一些外部链接类别,如贴吧、博客和新闻等,使链接更加丰富;二是每天增加一定数量的外部链接,保证关键词排名稳定上升。站外搜索引擎优化并不意味着站外链接越多越好,关键在于链接的质量和相关性。选择链接时最好进行筛选,以保证链接的网站整体质量较高,且与自己网站的内容联系紧密。

2. 论坛营销

论坛营销就是企业利用论坛这个平台,借助文字、图片、视频等发布有关产品和服务的信息,从而让目标客户更加深刻地了解企业的产品和服务。论坛营销是推广网站的有效方法，尤其是在网站刚建立的时候。论坛营销具有成本低、见效快、传播范围广、可信度高等优势，这使得它成了企业重要的网络营销方式。

论坛营销的流程如下。

① 企业根据自身的产品选择专业性强、知名度高的网站注册账号，这样有利于推销产品。

② 为了确保前期企业产品的推广，企业至少需要注册 10 个账号。企业注册账号的数量由营销的产品和推销事件决定。例如：如果企业的产品知名度高、口碑好，那么企业就不用注册过多的账号；如果企业的产品知名度不高、口碑一般，那么企业需要较多的账号联合推广产品。

③ 注册账号后，企业需要配置专业人员对账号进行管理，比如定期发帖、雇人回帖等，以使自己的账号和产品融入论坛核心，提高企业的威望。同时企业还可利用一些辅助资源进行产品的推广。

④ 创意是策划主题必不可少的要素之一，只有新颖的主题才能引起读者的注意。在开展论坛营销的过程中，营销的主题是至关重要的，实现预期目标的重要前提就是确立正确合理的策划主题。

⑤ 吸引眼球也是策划主题必不可少的要素之一，换句话说，想要吸引读者，主题必须具备号召性。具有一定含义的主题更能让读者产生疑问并对内容感兴趣。

⑥ 内容是企业策划的核心部分，因此必须确保内容准确无误。

⑦ 企业发出的帖子获得网友回复越多，说明产品营销越成功。因此，企业要通过各种方法鼓励网友回复。例如，企业可以通过抽奖的方式鼓励网友，还可以通过积极与网友互动来调动他们的积极性。

⑧ 有时论坛中会出现网友争论的现象，企业此时要注意引导，但是要注意方式，不要适得其反。适当的争论可以引起更多网友的关注和回帖，形成病毒式营销，这样可以大幅提高企业的知名度。

⑨ 针对每次的论坛营销，不管成功与否，企业都要进行反思和总结，也就是反思论坛营销中出现的问题和错误，总结经验和教训。

⑩ 企业要与论坛的管理员和版主积极沟通，与他们拉近关系，这样不仅有利于资源辅助，还有利于论坛营销的顺利进行。

3. 网络广告营销

网络广告作为信息社会的产物，其数字化特征是与生俱来的。由于网络广告大多在万维网上发布,并以网页为载体,因此网络广告又被称为"NetAD"。

网络广告是指通过互联网平台发布和传播的广告形式。它利用互联网的技术和渠道将广告信息传递给目标受众,以实现品牌推广、产品营销或用户转化等目的。随着网络技术与电子商务的迅速发展,网络广告作为一种新的广告模式,越来越受人们的关注。目前学术界对网络广告的定义有很多,主要分为广义上的网络广告与狭义上的网络广告。通常所说的网络广告是狭义上的网络广告的统称。

(1) 网络广告的特点

网络广告不仅能做到图文并茂,还可以双向交流,使信息准确、快速、高效地传达给目标用户。因此,与传统媒体相比,网络广告的特点如下。

第一,传播范围广。除了互联网之外,无论哪种媒体都会受到地域的限制,比如报纸会受发行区域的限制,广播电视会受频道覆盖范围的限制。网络广告采用数字视频、音频、动画等数字信息技术,通过电脑显示屏(或其他电子显示设备)播放。只要有条件上网,人们就能随时随地接触到广告信息,这是传统媒体所不能做到的。

第二,表现形式多样。网络广告的表现形式丰富,根据尺寸可将其分为旗帜广告、按钮广告、巨型广告等。

第三,能够对广告对象进行精准的定位和分类。与传统广告铺天盖地宣传却收效甚微的单向传播模式相比,网络广告最大的特点就在于它能对广告对象进行精准的定位和分类。网络广告面向所有互联网用户,不仅可以根据用户确定广告目标市场,还可以通过电子商务推荐系统向用户推荐他们感兴趣的产品。这样企业就可以通过广告,根据目标受众的需求,在适当的时候把适当的信息发送给适当的人,真正实现"一对一"的"软性"传播方式。

第四,信息传递具有互动性和灵活性。网络广告的信息传递具有互动性。这种互动性是指人们通过广告信息和广告主之间产生互动,从而不同程度地参与到广告活动中。网络广告灵活的信息传递方式改变了传统媒体广告的单向性弊端,使得广告信息的发布者与接收者之间可以及时沟通。在互动过程中,广告受众可以自主选择和访问广告站点,向广告主询问广告内容,提出自己的意见,说明未满足的要求;广告主可以按照客户的要求对广告信息进行补充和调整,实现以客户为导向的营销方式。

(2) 网络广告的表现形式

网络广告的表现形式多种多样,其中横幅广告、搜索引擎广告、文本链接广告、视频广告等都是目前较为常见的类型。

第一,横幅广告。横幅广告又称旗帜广告,是较早的网络广告形式,主要是以 GIF、JPG 等格式建立的图像文件。横幅广告是横跨于网页上的矩形公告牌,当用户点击横幅广告时,即可直接链接到具体的网页。根据尺寸的大小,可以将横幅广告分为不同的类型;根据表现形式的不同,还可将横幅广告分为静态横幅广告、动态横幅广告和交互式横幅广告。静态横幅广告一般在网页中表现为一张固定的图片,是网络广告兴起时常见的一种类型,其制作非常简单且能被所有网站接受,但内容较为呆板,点击率往往比其他类型的横幅广告的低。动态横幅广告由一连串图像连贯起来形成的动画构成,内容更丰富。动态横幅广告通过动态的画面向受众传递更多的信息,从而加深受众对产品的印象,吸引受众点击。当动态横幅广告不能满足要求时,交互式横幅广告更能吸引关注。交互式横幅广告通过 Java 等语言制作而成,表现形式多样。交互式横幅广告包含的内容更多、更直接,点击率也高于动态横幅广告。

第二,搜索引擎广告。搜索引擎广告也称为关键词搜索广告,是指企业根据自己商品或服务的内容、特征等确定相关的关键词,撰写广告内容并自主定价投放的广告。搜索引擎广告是一种付费广告,要想在搜索结果页面获得优先的排名或展示位置,需要一定的资金支持。

第三,文本链接广告。文本链接广告是以文字的形式链接到具体网站、网页的广告。文本链接广告对受众的干扰较少。

第四,视频广告。视频广告是指广告中含有视频文件的网络广告形式,支持在线播放。视频广告的表现形式有标准的视频形式、画中画形式和焦点视频形式,格式主要有 FLV、WMV 和流媒体格式等。视频广告具有很强的视觉冲击力和交互性,用户在播放视频广告时,还可以进行重播、音量控制、快进和暂停等操作。视频广告整合了网络媒体和电视媒体的双重优势,受众覆盖面广,挖掘潜力大,如目前较为流行的移动视频广告。移动视频广告主要采用数码和 HTML5 技术,充分融合了视频、音频、图像和动画等元素。

除了以上介绍的几种网络广告形式外,还有一些其他类型的网络广告,比如游动式广告、赞助式广告、插播式广告、开屏广告、内容页广告等。

(3) 网络广告的投放方法

要想使网络广告达到预期的效果,企业需要根据自身需求选择投放一种或多种形式的广告。同时,网络广告的投放是一种网络营销模式,当前国内网络广告的投放呈现持续上升态势,广告投放金额越来越多,投放时间越来越长。

网络广告的投放方法包括建立企业网站、借助网上报纸或杂志、借助手机App、借助大型门户网站、借助专业网站、借助网络黄页等。

第一,建立企业网站。建立企业网站是企业进行网络营销的必然趋势。建立企业网站不仅能树立企业的形象,还能提供更便捷的宣传途径。建立企业网站前,企业需要首先明确建立网站的目的,确定网站的功能、规模及预算,进行市场分析,拟定网站建立的策划书,然后再开始网站的建立工作,如确定网站域名、开发网站页面等。建立企业网站是网络广告投放的基本形式,其通过主页的形式进行企业商品或服务的宣传,主页地址像企业的名称、地址一样具有独特标识,是企业重要的无形资产。

第二,借助网上报纸或杂志。互联网的快速发展使传统媒体行业的经营模式发生了变化,网上报纸和杂志开始流行,国内一些著名的报纸和杂志都在互联网上建立了自己的网站,一些新兴的报纸和杂志甚至脱离了传统的纸质媒介,只以数字化版本存在。网上报纸或杂志的访问人数随着互联网的普及逐渐增多,可以预见,未来网上报纸或杂志将成为人们日常生活的一部分,在此类平台上发布广告,可有效推广企业的商品或服务。

第三,借助手机App。随着移动互联网和移动智能设备的普及,很多企业纷纷布局移动端。当前,手机App覆盖了新闻资讯、生活服务、娱乐休闲等领域,成为企业投放广告的重要渠道。

第四,借助大型门户网站。大型门户网站(如新浪、搜狐、网易等)具有访问量大、用户多等优点,在这些网站上发布网络广告能获得更大的访问量。这些网站提供的网络广告服务多种多样,但均需付费,企业需要根据实际需求选择投放方式。

第五,借助专业网站。专业网站用于提供某类专门的服务,其用户大多是相关领域的专业人士或爱好者,且具有较高的专业知识水平和忠诚度。在专业网站中发布网络广告,针对性强,广告效果佳,但需要支付的广告费用也相对较高。例如,蜂鸟网作为国内专业的影像互联网平台,为广大摄影用户提供专业、丰富的摄影资讯的同时,也为器材厂商和经销商提供有效的互联网营销解决方案。摄影类企业在这类网站中发布专业产品的广告,一般能取得较好的效果。

第六,借助网络黄页。网络黄页是指那些像电话黄页一样,在互联网中分门别类地专门提供企业网址、联系方式等内容查询服务的网站。这些网站的页面一般会留出一定的位置来给企业做广告,利用这些位置,企业可以发布相应的网络广告。网络黄页中的内容一般按照关键词进行区分,针对性较强,且位于网页中较为醒目的位置,能够在第一时间吸引用户的注意,容易被用户关注和点击。

(4) 网络广告投放过程中的注意事项

网络广告投放的效果与投放的时间、金额等因素密切相关,要想提升网络广告效益,就必须做到以下几点。

第一,明确网络广告投放的目的。每个企业投放网络广告的目的各异,有的是宣传商品或品牌,有的是推广在线业务,企业应根据实际需求来选择不同类型的网络广告。若是为了宣传品牌,建议选择访问量大、访问群体与目标消费者相符的大型门户网站或专业网站;若是为了推广在线业务,建议购买关键词进行宣传,以实现网络广告的精准投放。

第二,确定网络广告投放的费用。不同网站平台的网络广告投放费用不同,一般来说,大型网站的广告费用在数万元到数十万元之间;小型网站的网络广告投放费用在数千元到数万元之间;其他个人网站的网络广告投放费用相对较低,但效果有限。企业应该结合投放网络广告的目的,选择性价比高的投放方式。

第三,预留一定的测试时间。网络广告的投放不是一件简单的事情,需要得到技术、资金等方面的支持。为了避免发生不必要的错误,企业应在投放广告前进行测试,以保证广告播放正常、链接正确和广告监测系统正确计数,正常完成网络广告的投放和后续工作。

第四,确定网络广告的更换周期。无论广告多有创意,用户看的时间久了自然会产生视觉疲劳,广告的点击率必然会有所下降。建议定期更换网络广告,可保持两周换一次的频率。但若是为了推广新产品,增强用户对品牌的记忆,建议将广告在同一广告位长期投放,以培养用户的浏览习惯。

第五,做好网络广告的管理。网络广告投放成功并不代表整个过程的结束,此时企业将进入一个更重要的阶段——网络广告的管理。企业要充分做好网络广告的管理,如建立必要的备份方案、监测广告流量、分析投放效果等,以保证网络广告的有效性。

(5) 网络广告效果测定的标准

网络广告效果是指网络广告传播之后所产生的影响或用户对网络广告的反应。测定网络广告的效果,便于企业对广告的设计和制作进行改进。根据

《中国网络营销(广告)效果评估准则》,可从广告展示量、广告点击量、广告到达率、广告二跳率和广告转化率五个方面对网络广告的效果进行测定。

第一,广告展示量。广告展示量可以反映广告所在媒体的访问热度。广告每显示一次,称为一次展示。广告展示量可以按照不同的时间周期来统计,如小时、天、周和月等。

第二,广告点击量。广告点击量是指用户点击广告的次数。企业通过对广告点击量进行统计,可以查看广告的投放量。将广告点击量与产生点击的用户数(以网页 Cookie 统计为准)进行对比,可以了解广告是否存在虚假点击。用广告点击量除以广告展示量,可以得出广告对用户的吸引程度,即广告点击率。

第三,广告到达率。广告到达率是指用户通过点击广告进入被推广网站的比例。广告到达率可以反映广告点击量的质量和广告着陆页的加载效率。其计算方法为:广告到达率=广告到达量/广告点击量。其中,广告到达量是指用户通过点击广告进入推广网站的次数。

第四,广告二跳率。广告带来的用户在着陆页面产生的首次有效点击称为二跳,二跳的次数即二跳量。广告二跳率是指通过点击广告进入推广网站的用户,在网站上产生有效点击的比例。广告二跳率可以反映广告带来的流量是否有效,也可以反映着陆页面对广告用户的吸引程度。

第五,广告转化率。广告转化率是指通过点击广告进入推广网站的用户完成转化的比例,常用来反映广告的直接收益。判断用户完成转化的标志是用户到达一些特定的页面,如注册成功页、购买成功页和下载成功页等,此时用户从普通的浏览者转变为注册用户或购买用户。

(6) 网络广告营销的创新方式

当受众对网络广告的看法发生改变时,网络广告也在不断革新,已经实现了实实在在的产品促销和品牌推广。网络广告营销的创新方式如下。

第一,网络广告技术创新。技术创新主要关注优化广告网页的流畅性原则。随着互联网时代的到来,传统媒体广告发生了巨大的转变,网络广告凭借其独特的优势迅速应用开来。然而,网络广告也面临着一些问题,如流量瓶颈问题和用户体验不佳的问题。尽管当前的互联网发展迅猛,但网络带宽仍然会受到限制。为了解决上述问题,网络广告设计者需要充分考虑不同网络的传输能力,并遵循简洁明了的设计准则,以避免网页下载缓慢、观众因不能完整浏览广告而切换页面、广告页面加载时间过长等现象。目前,这种技术创新主要集中在 FLASH、各种视频压缩技术等方面。

第二,网络广告策略创新。策略创新主要集中在广告和受众互动的原则上,主要体现在以下几个方面。首先,个性化广告策略成为趋势。通过利用大数据和人工智能技术,企业能够精准分析用户的行为习惯和偏好,从而为用户推送更加个性化的广告内容。这种精准投放不仅提高了广告的点击率和转化率,还增强了用户体验。其次,内容营销与广告融合成为新方向。优质的内容能够吸引用户的注意力,提高品牌知名度。将广告与有价值的内容相结合(如制作精美的短视频、撰写引人入胜的文章等),能够在不引起用户反感的情况下,有效传递品牌信息。再次,跨平台整合营销成为常态。企业不再局限于在单一平台投放广告,而是根据不同平台的用户特点和优势,制定跨平台的整合营销方案。这种策略能够拓宽广告的传播渠道,提高广告的覆盖率。最后,互动式广告备受青睐。互动环节(如有奖问答、问卷调查等)可以增加用户黏性,使广告不再单向传递信息,而是成为与用户互动并建立情感的桥梁。

总之,网络广告不能彻底替代传统媒体,将其和传统媒体结合起来,方能获得更好的效果。相比具有压迫力的电视广告和具有高曝光度的报纸广告,网络广告更加侧重于逐步构建广告发布者与受众之间紧密互动的关系。网络广告作为一种新兴事物,正在以其独特的魅力逐步走入大众视野。越来越多的企业在大力发展电子商务的同时注重网络广告营销,通过创建企业网站、植入有创意的网络广告来提升品牌知名度,从而真正实现和受众之间的互赢。

二、农产品网络营销

农产品网络营销是指利用互联网和电子商务平台,推广、销售和交易农产品的一种营销方式。下面将从四个方面详细论述农产品网络营销。

(一) 线上推广

农产品网络营销的首要任务是通过互联网渠道线上推广农产品。传统的农产品营销主要依靠实体店铺、农贸市场等渠道,但因受到地域限制,推广范围有限。而网络营销可以突破地域限制,将农产品的信息广泛传播到全国甚至全世界。农产品生产者可以通过建立农产品官方网站、开设社交媒体账号等方式展示农产品种植、生产、加工等信息,提高农产品的知名度和认可度。

在线上推广过程中,农产品生产者可以利用搜索引擎优化(Search Engine Optimization,SEO)技术提高农产品在搜索引擎中的排名。企业可以通过选择合适的关键词、优化网站结构和内容,提高网站在搜索引擎结果页面的排名,提高用户点击率,吸引流量。同时,企业还可以通过社交媒体平台(如微博、微信、抖音等)进行内容推广,利用病毒式传播的特点,提升农产品的影响力,吸引更多潜在消费者的关注。

(二)电子商务平台销售

农产品网络营销的重要环节是通过电子商务平台销售农产品。电子商务平台是指通过互联网提供产品展示、交易和配送服务的电子商务网站。农产品生产者可以在各大电子商务平台开设店铺,将农产品直接面向消费者进行销售。在电子商务平台上,农产品生产者可以发布有关农产品的详细信息,如价格、包装规格、配送方式等,提供多种支付方式和售后服务,以便消费者浏览和购买。

电子商务平台的优势在于拥有规模庞大的用户群体和强大的物流配送系统。通过电子商务平台,农产品生产者可以直接接触到大量的潜在用户,扩大销售范围和增大销售量。同时,农产品生产者还可以利用电商平台强大的物流配送系统将农产品及时送达用户手中。

(三)农产品溯源与品牌建设

在农产品网络营销中,农产品生产者可以通过溯源和品牌建设提高农产品的附加值。溯源是指通过技术手段追溯农产品的生产、加工、流通等环节,为消费者提供农产品的相关信息。通过建立农产品溯源系统,可以使消费者了解农产品的生产过程、生长环境、农药使用情况等信息,增强他们对农产品的信任感,激发他们的购买欲望。

品牌建设是农产品网络营销的重要环节。通过网络营销,农产品生产者可以利用品牌塑造和宣传,提升农产品的知名度和美誉度。农产品生产者可以通过创意包装设计、品牌故事讲述等方式打造独特的品牌,以吸引消费者的关注和激发消费者的购买欲望。同时,农产品生产者还可以通过网络上的用户评价和口碑传播,进一步提高农产品的品牌认可度。

(四)在线支付与售后服务

农产品网络营销依托于互联网技术和电子商务平台,可以提供便捷的在线支付和售后服务。消费者可以通过手机、计算机等设备进行在线支付,选择适合自己的支付方式(如第三方支付、银行卡支付等),方便快捷地完成交易。

同时,在农产品网络营销中,农产品生产者也需要提供完善的售后服务。在电子商务平台上,农产品生产者可以提供在线解答、无理由退换货等服务,以保障消费者的权益。在农产品网络营销过程中,消费者可以通过在线留言、在线评论等方式与农产品生产者进行沟通,提出问题和意见。

第二章 农产品网络营销的理论依据、模式与意义以及发展前景

农产品网络营销的基本原理是利用互联网平台与消费者进行直接沟通和交流,通过有效的推广和营销策略,将农产品信息传递给目标受众,以实现品牌推广、销售量增长和用户关系建立的目标。本章围绕农产品网络营销的理论依据、农产品网络营销的模式与意义、农产品网络营销的发展前景展开论述。

第一节 农产品网络营销的理论依据

一、网络数据库营销理论

网络数据库营销理论是指利用网络数据库技术和相关理论进行市场营销的理论框架。随着互联网和大数据技术的发展,企业可以利用网络数据库中的大量用户数据来实施个性化营销和精准定位,以满足消费者的需求。以下是网络数据库营销理论的重要方面。

第一,数据驱动的营销决策。网络数据库营销理论强调数据在决策过程中的重要性。通过收集、存储和分析用户行为、用户偏好、用户购买历史等数据,企业可以深入地理解消费者的需求和行为模式,从而制定准确的市场营销策略。数据驱动的营销决策可以帮助企业优化定价策略,增强市场营销效果,提高投资回报率(Return On Investment,ROI)。

第二,个性化营销和精准定位。网络数据库营销理论支持个性化营销的实施。通过分析用户数据,企业可以对用户进行细分,将不同的营销策略和信息针对性地传递给特定的用户群体。个性化营销可以提升用户的体验感和满意度,增强用户对产品的认知和信任,进而激发用户的购买欲望。此外,精准定位也是网络数据库营销的核心目标,企业可以通过数据分析找到潜在用户,并针

对其特定需求进行定位和推广。

第三,数据隐私和数据的合规性。在网络数据库营销中,数据隐私和数据的合规性是非常重要的因素。企业需要确保用户数据的安全,遵守相关的隐私保护法规和道德准则。同时,企业还需确保数据的合规性,向用户提供透明的隐私政策和选择权。在实施网络数据库营销时,企业需要遵循数据保护原则,采取安全措施保护用户数据,并定期清理过期的数据。

第四,数据分析和预测。通过运用数据挖掘、机器学习和统计分析等技术,企业可以从海量的用户数据中发现隐藏的模式、趋势和关联,以预测用户行为和市场趋势。数据分析和预测可以帮助企业优化营销活动,为更准确的市场预测提供支持。

第五,建立互动关系。网络数据库营销理论鼓励企业与用户建立互动关系。通过互动,企业可以获得更多的用户反馈和意见,了解用户需求和偏好的变化。同时,让用户参与营销活动也可以提高他们的忠诚度和品牌认同感,促进口碑传播和用户推荐。

网络数据库营销理论为企业提供了利用大数据和网络数据库进行市场营销的框架和方法。然而,在实际应用中,企业需要综合考虑技术、法规、伦理和用户体验等多个方面的因素,以确保网络数据库营销的合法性、道德性和高效性。

二、关系营销理论

关系营销理论是一种先进的营销理念,它强调建立和维护长期、互惠、稳定的关系是提高客户忠诚度和满意度的关键。关系营销理论强调建立强大的客户关系,通过与客户进行深入沟通,理解客户需求,为客户提供个性化的服务和支持。以下将详细阐述关系营销理论的相关概念、基本原则和实施策略。

(一)关系营销理论的相关概念

第一,关系。关系是指企业与客户之间建立的互动和互信的纽带。它不是一次性交易,而是在长期合作和互利共赢的基础上建立的持久关系。

第二,互惠性。关系营销强调双方在关系中的互惠性,即企业提供有价值的产品和服务,而客户则用实际的购买和推荐表示支持。

第三,忠诚度。关系营销的目标之一是提高客户忠诚度。通过建立良好的关系,企业可以提高客户的忠诚度,使其成为长期客户,并使其积极向其他潜在客户推荐企业的产品和服务。

第四,个性化。关系营销强调为客户提供个性化的服务和支持。通过了解客户的需求和喜好,企业可以为客户提供定制化的产品、个性化的推荐和贴心的售后服务。

(二) 关系营销理论的基本原则

第一,目标市场细分原则。关系营销中的第一步是对目标市场进行细分。通过将市场划分为不同的细分市场,企业可以更好地了解不同细分市场的需求和特点,有针对性地开展关系营销活动。

第二,个性化沟通原则。关系营销强调与客户建立个性化的沟通和互动关系。通过定期的沟通和互动,如发送邮件、打电话等方式,企业可以与客户保持联系,了解其需求和反馈,并及时回应和解决问题。

第三,信任建立原则。信任是关系营销的基础。企业需要通过实际行动赢得客户的信任。信任关系的建立需要持续的努力,包括履行承诺、提供高质量的产品和服务、保护客户隐私等。

第四,价值共创原则。关系营销理论认为企业和客户之间的关系应该是互利共赢的。企业应通过提供独特的产品和服务,满足客户需求,从而获得客户的支持,共同创造价值。

第五,持续改进原则。关系营销是一个持续的过程。企业需要不断改进产品、服务以及关系管理的方法和策略,以适应不断变化的市场需求和客户期望。持续改进可以提高客户满意度,保持竞争优势,并加强与客户之间的关系。

(三) 关系营销的实施策略

第一,客户洞察。关系营销的第一步是深入了解客户。通过收集和分析客户数据,企业可以了解客户的购买行为、喜好和需求,从而针对性地开展关系营销活动。

第二,客户关怀。建立良好的客户关系需要关怀客户。企业可以通过定期的客户关怀活动,如生日送祝福、节日送礼品等,表达对客户的关心和感谢。

第三,售后服务。良好的售后服务是关系营销的重要组成部分。通过及时解决客户的问题并提供高质量的售后服务,企业可以提高客户的满意度,与客户建立长期的关系,并获得口碑传播和推荐。

关系营销理论强调企业与客户之间互动、互信和互惠的关系。它不仅关注一次性交易,还强调企业应与客户之间建立长期的关系,并通过个性化的服务和支持来满足客户的需求。通过实施关系营销策略,企业可以提高客户的满意度和忠诚度,并获得持久的竞争优势。

第二节 农产品网络营销的模式与意义

一、农产品网络营销的模式

(一) 整合营销模式

整合营销模式是农产品网络营销中的一种策略,它旨在将不同的营销要素、渠道和工具有机结合,形成一个协调一致的整体,以提升市场影响力和增强销售效果。

整合营销模式的关键在于以下几点。

第一,统一的品牌形象和品牌传播。农产品企业需要塑造统一的品牌形象,包括品牌标识、品牌口号等。通过一致的品牌传播,农产品企业可以塑造独特的品牌形象,提升品牌认知度和知名度,吸引目标消费者的注意。

第二,多渠道的营销传播。农产品企业应利用多种渠道进行营销传播,包括线上渠道(如电子商务平台、社交媒体等)和线下渠道(如实体门店、农贸市场等)。通过多渠道的营销传播,农产品企业可以覆盖更广泛的受众群体,从而提高品牌曝光度。

第三,一体化的市场推广活动。农产品企业需要将不同的市场推广活动有机结合起来,形成一体化的营销方案,其中包括广告宣传、产品促销等,以达到宣传品牌、推广产品和促进销售的目标。通过协调一致的市场推广活动,农产品企业可以提高品牌知名度和增强销售效果。

第四,个性化的消费体验。农产品企业应为消费者提供个性化的消费体验。通过了解消费者的需求、偏好和购买行为,企业可以为消费者提供定制化的产品以及个性化的服务和支持,从而提高消费者的满意度和忠诚度。

(二) WWW 商业模式

WWW 中文译为"万维网",由 Web 客户端和 Web 服务器组成。WWW 提供了大量多媒体信息,将这些信息汇聚在一起,可以提供导航搜索功能,使用户便捷地浏览各个页面。商业模式是指企业运用现代化的技术结合商业销售策略,将企业盈利作为最终目标而实施的一系列模式。网络营销模式能够将现实生活与网络结合起来,企业可以利用网络更方便、更快速、更省钱地传递信息与服务,也可以利用网络的特定手段直接在虚拟平台进行买卖。根据服务对象的不同,一般将商业模式分为商业机构之间(Business to Business,简称 B2B)的商业模式、商业机构与消费者之间(Business to Consumer,简称 B2C)的商业模式以及消费者之间(Consumer to Consumer,简称 C2C)的商业模式等。商业模式主要以 B2B 和 B2C 为主。

1. B2B

B2B 是指企业与企业之间的交易模式,也称为企业间交易或商业间交易。B2B 交易通常发生在供应链中的不同环节,涉及原材料、零部件、设备等产品。B2B 交易与 B2C 交易不同,后者是指企业与消费者之间的交易。在 B2B 交易中,参与方通常是企业、制造商、批发商、分销商、供应商等。

(1) 特点

① 复杂性。B2B 交易往往涉及复杂的供应链和商业流程。在 B2B 交易中,产品通常是定制化的、专业化的,涉及技术规格和合规要求。交易过程可能需要多个层级的决策和批准。

② 专业性。B2B 交易要求参与方具备专业的知识和技能。交易双方需要建立互信关系,以确保产品质量。

③ 长期合作。B2B 交易的双方往往会建立长期合作关系,涉及连续供应、技术支持和售后服务等。合作关系的建立和维护是交易成功的关键。

④ 多个利益相关方共同参与。B2B 交易中的采购决策通常由多个利益相关方共同参与,需要考虑多个因素,如成本、质量、交货期等。决策过程可能涉及需求研究、报价谈判和方案评估等环节。

(2) 模式

① 直接销售模式。在直接销售模式下,供应商直接与买家进行交易,没有中间商参与。供应商通过拜访客户、参加展销会等方式,与潜在买家建立联系,提供产品和服务。

② 分销渠道模式。在分销渠道模式下,供应商通过分销商、经销商或代理商等中间商将产品推向市场。分销渠道模式不仅可以帮助供应商拓展市场、提高产品的可及性,还可以帮助供应商降低销售和市场推广的成本。

③ 电子商务模式。随着互联网和电子商务的发展,越来越多的 B2B 交易发生在线上平台。供应商和买家可以通过电子商务平台进行交流,买家可以在电子商务平台询价、下单和支付。这种模式节省了时间和沟通成本,为交易提供了便利。

(3) 策略

① 建立合作关系。在 B2B 交易中,建立稳固的合作关系是关键策略之一。

供应商和买家应共同制订长期合作计划,相互信任、共享资源、共同发展,以实现互利共赢。

② 产品定制化和创新。在 B2B 交易中,供应商通常需要根据买家的特殊需求进行产品定制化。供应商应关注买家的需求,提供创新的产品和解决方案,以增强竞争优势。

③ 提供高质量的产品和专业的售后服务。在 B2B 交易中,产品的质量是买家关注的重要因素。供应商应确保产品的质量和交货日期,并应提供专业的售后服务。

④ 采用有效的市场推广和销售策略。供应商应通过有效的市场推广和销售策略,提高品牌知名度和增加市场份额。这包括参加行业展览会、发布专业内容等。

⑤ 采用大数据技术。在 B2B 交易中,通过采用大数据技术,供应商可以提高效率、降低成本,并为客户提供更好的体验。

2. B2C

B2C 是指企业与消费者之间的交易模式,也称为企业对个人的交易。B2C 交易是指企业直接向个人消费者销售产品和服务的过程。随着互联网的普及和电子商务的兴起,B2C 交易在全球范围内迅速发展,成为商业领域中的重要模式。

(1) 特点

① B2C 交易面向广大消费者的市场,涉及大量的个人消费者。企业需要面对大量的市场需求和多样化的消费者需求。

② 个人消费者对产品和服务的需求通常是个性化的。企业需要关注消费者的喜好、需求和购买习惯,提供个性化的产品和定制化的服务。

③ 在 B2C 交易中,消费者通常具有较短的购买决策周期。他们倾向于通过在线渠道浏览产品、比较价格,然后迅速做出购买决策。

④ 消费者对购物体验的要求越来越高。他们希望购物过程简便、愉悦,并希望获得良好的售后服务。

(2) 模式

① 在线零售模式。在线零售模式是 B2C 交易中最常见的模式,指企业通过自己的电子商务网站或第三方电商平台向消费者直接销售产品。经过加购、支付和物流配送等流程,消费者即可完成购买。

② 社交媒体营销模式。随着社交媒体的兴起,企业可以通过社交媒体平台

(如微信、微博、Instagram 等)与消费者进行互动。企业可以通过发布产品信息、开展推广活动与消费者互动,从而吸引消费者的关注,激发他们的购买欲望。

③O2O(Online-to-Offline)模式。O2O 模式结合了线上和线下的销售渠道。企业通过线上渠道引导消费者到实体店铺进行购买,或通过实体店铺引导消费者到线上渠道购买。这种模式可以为消费者提供更多的选择。

(3) 策略

①多渠道销售。消费者在购买产品时可能选择多种渠道。企业应提供多种销售渠道,包括线上平台、实体店铺等,以满足消费者的不同需求。

②用户体验优化。用户体验是 B2C 交易成功的关键。企业需要关注网站或应用的界面设计、页面加载速度、购物流程、支付安全性等方面,确保为用户提供流畅、愉悦的购物体验。

③社交媒体营销。社交媒体是 B2C 交易中重要的推广和营销渠道。企业可以通过社交媒体平台与消费者进行互动、分享产品信息、发布促销活动和收集用户反馈,增强消费者的参与感。

二、农产品网络营销的意义

(一) 有利于扩大农产品贸易范围

自从网络电子商务产生以来,电子商务活动发展迅猛,线上销售额剧增,网络营销市场容量变大,很多企业都专门设立了网上营销部门。据统计数据显示,我国大多数企业都将网络营销作为主要的营销方式之一,尤其是生产型企业,这一趋势在我国还将延续下去。

虽然我国的农产品网络营销起步较晚,但整体业绩可观。很多企业都因开展农产品网络营销而获利。比如,辽宁某企业通过网络了解市场行情后,优化销售环节,将农产品销往国内的各个城市,最终获得利润近三百万元。两年前的统计数据就显示,农产品网络营销平台的交易额已超过五亿元。由此可见,农产品网络营销活动蕴含了巨大潜力,企业若可以根据自己的经营情况开展网络营销,则能扩宽销售渠道,得到更多收益。

农产品网络营销能突破地域限制,解决国际市场信息不通畅、质量不达标、品种单一等问题。通过农产品网络营销,我们可以获取市场上的最新信息,及时调整生产策略,生产符合市场需求的农产品,从而增加在国际市场的贸易份额。我国出口的农产品大多是畜牧产品、水产品,这类农产品的生产技术含量较低，主要依赖人工投入，这与我国劳动力价格水平不高的特点相符。虽然目前我国在外贸市场上有不错的交易额，但如果能采用网络营销手段，则可以节约更多成本，获取更可观的收益。农业生产受地域、气候等因素的影响，这是农产品贸易在全球范围内开展的前提。虽然目前的农业技术取得了较大的进步，但还不能完全不受客观因素的限制，而农产品网络营销则可以在一定程度上缓解这个问题。

我国的农产品贸易企业大多是中小型企业，网络营销模式将会为其提供更多平等竞争的机会，帮助其迈向国际市场。通常，国外企业在采购农产品时倾向于线上询价。我国中小型农产品贸易企业可通过网络平台与大型农产品贸易企业共同展示产品，这是因为农产品网络营销打破了地域和规模的限制，可以使实力较弱的一方获取同等的信息资源。在条件允许的情况下，农产品生产者可以建立自己的企业网站，将主要农产品的品种、质量、产量、加工模式、实物销售状况等实时发布出来，并建立相关的搜索链接，以便买方获取农产品的相关信息。除了农业企业外，农户也可以采用这样的方式推广农产品。

因此，无论是大型农业企业、中小型农业企业，还是个体农户，在网络营销模式下，获得的信息资源都是一样的。这样的市场环境有利于企业之间的公平竞争，也有利于企业或个人的不断创新。例如，我国北方某地区就有农民利用网络营销的方式将自己的产品销往世界各国。由此可见，网络营销为我国农业贸易发展提供了更多的机遇，也为农业企业和个体农户带来了潜在收益。

(二) 有利于提高我国农产品交易的时效性

我国交易的农产品主要是畜牧产品、水产品等，这些农产品对存储和运输条件有较高的要求。在传统交易过程中，农产品流通环节比较多，交易时间长，畜牧产品、水产品等非常容易在交易过程中损坏，从洽谈到最后购买耗时较长。而网络营销可以实现企业之间以及企业与个人之间信息的快速传递，保证了时效性。在农产品网络营销模式下，交易双方可以随时沟通问题，大幅提高了交易效率。

(三) 促进我国特色农产品的营销

我国国土面积大，地势西高东低，地形多种多样，山区面积广大，南北方温差较大。正是由于特殊的地形地貌特征，我国农业生产在各个地区都有不同的特点。同时，很多特色农产品都产于偏远的山区，纵使外界很多人都想购买，但也因信息闭塞而难以得到，形成有价无市的尴尬局面。而随着网络营销在全球范围内的普遍推广，各种供求信息将第一时间出现在世界各地的计算机网络上,我国的特色农产品有了全世界范围内的买家,而地方政府也将根据各个地区农产品的特点制定相关的推广策略,让各个地区的特色农产品走向世界。

(四) 提高企业的营销能力

在网络环境下,世界贸易是完全开放的,这不仅给企业带来了更多的机会,还让企业面临着更大的挑战。目前,国外一些大型的农业企业在农产品初加工环节的质量把控比较严格,这些企业不仅占据了国际市场份额,还给国内农业企业带来了一定的威胁。在这种境况下,我国的农业企业积极主动探索发展之路,努力研究适销对路的品种。通过网络营销模式,我国农业企业能获取更多一手信息,也有更多机会向国外大型的农业企业和科研机构学习,从而提高产品质量,夺取更多的市场份额。我国出口的农产品主要是畜牧产品、水产品等,这些农产品的技术含量较低,利润空间不大,而且国际市场的准入门槛较高,我国出口的农产品在检测环节易出问题,影响整体贸易规模。若能向国外大型农业企业学习,则很有可能增加我国农产品的出口量。

网络营销是目前世界上通用的营销方式,但对于我国的农业企业或农户而言,是全新的事物。在网络营销这种方式出现以前,买卖双方直接沟通,不确定因素较大。而网络营销可以将生产者和消费者直接联系起来,买方可以随时在网上咨询留言,而卖方也可以初步判断并回复,还可以从消费者渠道了解更多的市场信息。采用网络营销的方式时,企业要深入分析客户需求,了解客户的购物历史,参与国际展销活动,从而取得更多订单。

(五) 有利于促进农村经济发展

第一,解决农村经济发展的资金问题,扩大销售渠道。市场经济要求企业发展必须以销定产,发展农村经济不仅需要投入资金,更需要制定适应市场经济的发展战略。我国领域宽广、地大物博,但由于交通、技术等资源的限制,很多偏远地区的农产品都没有买家,从而导致偏远地区的农业企业和农户陷入资金紧张的死循环。而采用网络营销模式后,只要有计算机就可以将农产品信息广而告之,而且这种方式的成本较低,对农业企业和农户来说具有较强的实用性。我国近年来成功的网络营销案例有很多。例如,广西灵山县政府牵头组织农户通过网络营销平台销售农产品,不仅解决了以前的浪费和损失问题,还打开了销路,跳出了"越丰收越困扰"的怪圈。同时,由于农产品销量可观,当地的经济得到了较大的发展,投资建厂的资金也比较充足,直接推动了整体经济向上发展。

第二，提高农民的积极性。在传统营销模式下，农产品最终实现销售需要很多中间环节，从收购、批发到加工，农产品价值逐渐累加，到了消费者那里，农产品价格就比较高了。采用网络营销模式后，农户或农业企业可以直接与消费者沟通，不仅提高了时效性，还加大了利润空间。对于比较保守的农产品生产者而言，网络营销模式也使得他们不需要到陌生环境中开辟市场，只需要在网上与消费者沟通就可以推销农产品。同时，如果能采用一些比较好的线上推广方式（如动画模拟农产品生产的全过程、对农产品的各种特性进行深入介绍、向消费者提供更多可靠和直观的信息），那么不仅可以打开销路，还可以获得一批有价值的固定客户。长此以往，农产品生产者的积极性会提高，区域经济会发展得越来越好，农业生产会更稳定、更健康。

第三节 农产品网络营销的发展前景

一、网络营销渠道更加多样化

随着互联网技术的发展以及移动电子设备性能的提升，移动客户端深刻改变了人们的生活方式。智能手机等功能强大的移动设备和成熟的5G技术为自媒体的发展创造了机会，层出不穷的自媒体为农产品网络营销提供了更多的手段。微信、微博等社交平台不仅改变了人们的生活方式，还为农产品营销提供了新的渠道。

自媒体营销与传统的网络营销相比，其宣传产品的方式（如提供产品的讲解视频、提供溯源码等）更容易激发客户的好感，也更容易挖掘潜在客户。农业企业或者农户只有结合自身农产品的特点，充分发挥农产品网络营销的优势，才能实现销售目标。

二、网站的专业化程度更高

处于高速发展阶段的互联网不断催生着新的应用和技术的诞生，物联网、云计算、大数据等成为互联网领域研究的重点。它们将前所未有地把所有产品的信息与互联网实时连接起来，实现智能化管理与识别，这有助于农产品经营者形成农产品现代营销的管理观念。另外，网站的专业程度会更高。比如，网页根据用户的浏览历史数据进行关联分析，实时地向用户推荐相似的产品或话题。

三、用户情感需求被重点考虑

即使是一种质量很好的产品,如果消费者在购买时没有看见商家的宣传或是听到了一些负面评价,那么也很有可能放弃购买。传统的产品营销思维把产品的使用价值作为关注点,考虑如何把产品卖出去。而网络营销改变了这种思维方式,重新定义了消费者对于价值的评价标准。这就要求商家从客户的购物体验与情感诉求出发部署营销过程,从而提高客户满意度,打造个性化的农产品营销渠道。

四、农产品的品牌化发展

明确的产品定位和良好的品牌形象能够清晰地反映农产品所代表的品质与特性,增加农产品的附加价值,从而帮助农产品在激烈的市场竞争中脱颖而出。农产品的品牌化发展是当前农业现代化进程中的重要趋势,对于增加农产品的附加价值、促进农民增收、优化农业结构以及提高农产品质量具有重大意义。

第三章 农产品网络营销的品牌战略

农产品网络营销的品牌战略旨在通过差异化定位、品牌形象塑造和用户体验提升,建立独特的品牌价值和认知,以吸引目标消费者、建立品牌忠诚度,并在竞争激烈的市场中取得竞争优势。本章探究农产品品牌、农产品网络品牌的战略规划、农产品网络品牌的塑造。

第一节 农产品品牌认知

一、农产品品牌的概念界定

农产品品牌,指由农民(包括新农人)等农业生产经营者,通过栽培农作物、饲养牲畜、经营观光/创意农业等生产经营活动而获得的特定的产品(服务)品牌。农产品品牌是以农产品及其初级加工产品、农产品消费过程产生的物质成果、消费者的服务体验等为基础,经由一系列相关符号体系的设计和传播,形成的特定的产品(服务)品牌,包括消费者群、消费者联想、消费意义、品牌个性、价格体系、传播体系等因素。农产品品牌起源于农产品的独特性与差异化,经由各相关利益者认知、认同甚至忠诚而形成。

农产品品牌属于农业品牌范畴,农业品牌比农产品品牌的范畴要大得多。农业品牌不仅包括农产品品牌,还包括农业生产经营全过程中出现的农业服务品牌、农业产业品牌、农业企业品牌、农业商业(流通)品牌、农业综合品牌等。

就品牌注册的商标性质而言,根据《中华人民共和国商标法》的分类,涉农商标可分为商品商标、服务商标、集体商标、证明商标。以集体商标、证明商标注册的品牌,称为"区域公用品牌";以商品商标、服务商标注册的品牌,称为"企业品牌"或"产品品牌"。

二、农产品品牌的营销理念

品牌营销理念就是用品牌管理的思想和方法对市场营销活动进行管理。品牌营销理念强调企业在选定的市场环境中,通过品牌战略创造竞争优势,向包括顾客在内的所有参与者提供最大的利益。品牌营销理念的核心要素来源于战略的基本特征,具体如下。

(1) 方向性

品牌营销强调方向性,即效能。它首先关心的是向什么方向进行营销。它包括了顾客导向的思想,并把顾客导向放到一个更加广泛的社会背景中。

(2) 长期性

战略是今天对未来的决策。品牌营销不但要能发现顾客当前的需求并满足之,而且要能发现顾客潜在的需求,加以开发,使其成为企业长期的宝藏。

(3) 竞争性

竞争是战略的本质。目前的现实是过多的企业追逐过少的顾客,而且产品的同质化很严重。在此情况下,仅提供顾客导向、满足顾客现实的需要就显得缺乏竞争力。因此,必须比竞争对手更有持久竞争力地满足顾客的需要。

(4) 创造性

战略是高瞻远瞩、聪慧睿智的创造,而不是模仿。品牌营销的创造性过程贯穿于市场营销分析、规划、执行、激励和控制的全过程。创造也包括"有所为,有所不为","有所为"就是将资源集中于目标市场,"有所不为"就是防止战线过长,顾此失彼。在很多情况下,"放弃"就是"获得"。战略管理不仅要学会扩张,还要学会放弃。

(5) 协同性

品牌营销是一个体系,是一个系统。它要求市场营销所涉及的各项职能、各项目标、各项政策、各项活动等必须具有高度的内在统一性,只有协同才能消除抵触、消除浪费,才能使各项创造顾客价值的分散的活动形成紧密链环,才能使系统效益最大化。

(6) 参与者共赢

品牌营销将市场营销的目的由使企业获利扩展到使所有参与者获利。参与者包括所有关心企业活动的个体与组织,如员工、管理者、股东、顾客,企业所在的社区、政府等。

三、农产品网络品牌的特征

农产品网络品牌具有以下基本特征,这些特征为其在市场竞争中取得优势和长期发展奠定了基础。

(1) 具有广大而稳定的消费者群体

网络品牌应该有一定规模的消费者群体,这个群体需要具备稳定的购买力和持续的消费需求。这是品牌在市场上能持续销售的基础。

(2) 具有较大的市场占有份额

网络品牌应该在目标市场占有一定的份额,即在该市场具备一定的竞争力和影响力。这可以通过销售量、销售额等指标来衡量。

(3) 具有独特的运作方式

网络品牌应该有一套独特的产品开发和市场销售的运作方式。这包括创新的产品设计、差异化的销售策略、高效的供应链管理等,从而使品牌在市场中脱颖而出。

(4) 具有强大的技术开发与创新能力

网络品牌厂家应该具备强大的技术开发和创新能力,能够不断推出符合市场需求和消费者喜好的新产品。这可以通过研发实力、专利技术和创新成果等来体现。

(5) 其产品的质量得到消费者的认同

网络品牌产品的质量应该得到消费者的广泛认可和好评。品牌应该注重产品的质量控制,确保产品在市场上具备良好的口碑和信誉。

(6) 较高的盈利水平

网络品牌应该具备较高的盈利水平,能够通过销售实现良好的经济效益。这可以通过销售额、利润率以及投资回报率等指标来衡量。

(7) 高价值的品牌商标

网络品牌的商标应该具有相当高的价值和影响力。商标是品牌的核心标识,具备独特性、辨识度和价值,可以为品牌带来差异化的竞争优势。

(8) 注意维护品牌形象与信誉

网络品牌应该注重维护品牌的形象和信誉。这包括提供优质的客户服务、积极回应消费者反馈、及时处理投诉,以及遵守商业道德和社会责任制度等。这样可以增强品牌的信任度和忠诚度,提升消费者对品牌的认可度和好感度。

第二节　农产品网络品牌的战略规划

品牌战略的规划及实施程序,从战略到策略,从策略到方法及工具,是一个层次高、系统性强、涉及面广、效果要求立体化的系统工程。

一、品牌战略规划的程序

(一)品牌战略环境测评

品牌战略环境测评主要是洞察品牌的目标消费者及消费趋势,判断产品、产业、品牌的竞争态势,寻找并确定差异化等。已有的测评的模型已经非常丰富,如波特五力模型、日本电通蜂窝模型、SWOT模型等,可借助相关模型,进行有效的品牌战略环境测评。

(二)品牌战略目标确立

确定品牌的未来路径与目标,包括消费者目标、竞争目标、发展目标、价值目标四个方面。消费者目标,强调以消费者为中心,提供符合消费者核心需求的品牌产品(服务)、创造消费者体验价值,建立与消费者的特殊关系;竞争目标,强调成为同业中的引领者或提供特殊价值者,确保品牌在市场中具有竞争力;发展目标,强调品牌发展的阶段性成长效果、生存与发展的协同、品牌资产与利润最大化,是百年品牌的终极目标;价值目标,强调品牌价值的不断累积,实现品牌价值与未来收益的最大化。

(三)品牌战略规划设计

战略的本质就是解决问题的方案。品牌战略规划应当根据品牌所处的现实状况与战略目标,选择不同的品牌战略实施不同的品牌战略规划。以往,有多种战略模式可以借用,例如:经典型战略(在可预测的行业,进行分析、规划、实施,目标是做大品牌,战略实施稳定性高);适应型战略(在不可预测的行业,实施适应性应对,通过灵活的战略调整来应对环境因素的不断变化,变化成为常态,而创新则是品牌生存和发展的根本);挑战型战略(建立愿景、颠覆经典、创造未来,创造新型价值体系,创造独特的卖点,并抢先快速发展,把握时机是品牌成功的关键);重塑型战略(定义或重新定义产业规则,并吸引、协调、共同发展同业,如平台战略,改变行业竞争格局,形成新型协同生态系统;在品牌面临竞争力低下的不利局面时,实施转型、变革,重塑品牌的竞争力与价值体系)。

由于消费与产业竞争的性质及其可预测性、产品与产业的可塑性、竞争环境的严苛性等不同,进行品牌战略规划时需要充分分析各种传统战略规划的优劣势,选择适合品牌自身资源的战略类型,进行战略规划。例如,我国的农业品牌战略规划选择以重塑型为战略主体,协同经典型、适应型、挑战型战略,则更能够提供有效的解决方案。比如,"品牌定位""品牌核心价值提炼""品牌价值支撑体系建设"等都是品牌价值重塑战略。

(四)品牌战略实施控制

品牌战略规划如果不实施,就会成为一纸空文。品牌战略的实施和管理需要由专业团队来负责。在实施过程中,品牌战略决策者、目标制订者、战略选择者、策略提供者均需要协同作战,有效控制品牌战略的实施。在农业品牌战略规划实施过程中,政府、协会、企业、专业团队及第三方力量、合作社、农户、专业媒体与大众传媒等各力量的有效协同,对于控制品牌战略实施的程度、方向、科学性等方面,都是十分重要的。

二、品牌战略规划的实施

品牌战略规划的实施程序,应当基于消费者需求,研发、生产消费者所需的、品质良好的产品或服务。同时,还应进一步延伸品牌的生产环节,通过符号生产、关系生产、价值赋予(或价值重塑)等手段实施品牌战略。

(一)品牌识别系统的创建与管理

品牌源于识别。因此,生产具有特色的产品(服务)、创造独特的系统符号并建构象征意义体系、管理识别系统的一致性、系统性,是品牌战略实施程序中重要的步骤,其中包括以下内容。

1. 品牌命名与商标注册

品牌命名与商标注册,是将一个符合消费需求的产品(服务)通过以标志为核心的符号系统的创造与注册,成为一个有法律保护、具有商标专用权,获得特定的品牌权益的行为过程。在中国,相关法规规定必须进行商标注册的商品,须经过商标注册。并且,获得注册的商标必须按照《中华人民共和国商标法》中的相关规定,具有明显的特征。经国家商标局核准注册的商标为注册商标,它包括商品商标、服务商标、集体商标、证明商标。就目前的情况而言,商品商标、服务商标一般由自然人、法人或企业申请;而集体商标、证明商标则一般由协会、科研机构、研发机构,甚至政府职能部门提出注册申请。在农产品品牌的商标注册中,由于对地理特征的依赖,与工业品品牌相比,农产品品牌有更多的证明商标和集体商标;在品牌命名上,也体现出了浓厚的地理色彩。农产品区域公用品牌一般以集体商标或证明商标注册;农产品企业品牌或产品品牌则一般以普通商标注册。

2. 品牌符号及意义系统设计

品牌就是一个符号,品牌与品牌之间的竞争就是符号之间的竞争。依照该符号,消费者可以放心购买;生产者则可以围绕该符号进行品牌的再生产和再创造。过去,人们以为品牌的符号表达仅仅是LOGO,因此,误认为商标就是品牌,只要注册了商标,就成就了一个品牌。但确切地说,品牌不仅是一个符号,更是一个符号与意义系统。

20世纪70年代以来,国际上风行CIS(企业形象识别系统)设计,其中的MI(理念识别)、BI(行为识别)、VI(视觉识别)三大子系统,表现了一个企业的理念符号系统、行为符号系统和视觉符号系统。理念符号系统的设计,强调对一个企业的目标、价值观、对社会的责任等方面的表达;行为符号系统的设计,强调对企业成员的行为,特别是服务系统的符合企业形象和企业理念的表达;视觉符号系统的设计,强调在标志、企业标准色、标准构图、设计应用等方面的一致性。当品牌战略在国际范畴越来越盛行之后,盛行在20世纪的CIS,在新的时代体现为整合品牌传播下的品牌识别系统设计。

品牌识别系统的创建与管理,强调符号、理念、行为等形象与个性的一致性表达;强调外在符号形象对品牌内在核心价值的有效呈现;强调识别的系统性及系统内部各部分之间的协同整合。

(二)品牌传播与接触点管理

在消费需求基础上,所做的独特的产品(服务)研发与生产、符号识别及意义系统的设计,均属于品牌经营者单方面的品牌识别系统创建与管理过程。要使产品(服务)及符号、意义的识别系统与消费者产生联系,发生特定的关系,应当经过品牌传播与接触点管理过程。只有通过品牌传播,才能搭建起与消费者及其他相关利益者之间的关系;只有建立关系,才能获得真正的品牌资产。只有通过传播,才能搭建关系,获得消费者与相关利益者对品牌的支持,才能拥有品牌资产。品牌传播与接触点管理过程通常包括以下三个步骤。

第一,品牌识别系统的有机整合。将品牌理念识别、品牌行为识别、品牌符号识别等按照品牌核心价值及核心理念进行有机、有效的整合。

第二,有效接触点的选择与管理。接触点指的是产品(服务)与消费者接触的场所与地点,品牌信息与消费者接触的媒体、场所与地点。接触点的选择与管理是否有效,直接决定了产品(服务)及其品牌信息与消费者接触的有效性。在互联网时代,不仅需要选择传统的物流渠道,而且需要选择互联网接触点、特色接触点,只有这样才能够使产品(服务)与消费者、相关利益者产生全方位的有效接触。同时,品牌信息只有通过各种有效的品牌传播通道到达消费者,才能有效构建品牌与消费者之间的联系。只有从传播效果管理的角度分析传播接触点的有效性、传播内容的目的性、传播形式的互动性,并持续实施传播活动,才能实现接触点的有效选择与管理。

第三,监控传播过程。传播过程一旦开始,品牌经营者所建立的品牌识别系统就脱离了品牌经营者的可控范畴,进入了与消费者互动的传播循环系统。在这个循环系统中,所有的传播内容、传播形式都直接与消费者见面,传播过程中的互动主动权掌握在消费者手中,传播过程即品牌识别系统转化为品牌形象的过程。消费者通过传播的内容和形式了解传播者的意图、核心价值、品牌承诺,并在自己的心中形成一个或模糊或清晰的品牌形象。如果要有效地达到传播目的,避免在传播过程中出现严重的信息误读或信息扭曲,就必须严格监控传播过程。

传播过程的监控,一般分为事前、事中、事后三个阶段。事前监控主要被安排在整合品牌识别系统的过程中,专注于识别系统的一致性目标;事中监控主要被安排在传播进程中,强调传播过程中信息的一致性表达;事后监控主要被安排在传播结束之后,强调对传播过程效果的把握,总结前一阶段的传播经验,为下一阶段的传播延伸提供有价值的数据支持和方向。

在互联网时代,人们对事物的判断和评价往往是"认知大于现实",在这一认知特征的作用下,品牌传播会对品牌形象产生前所未有的影响。消费者甚至将完全基于品牌传播而形成品牌认知、品牌个性理解、品牌态度。因此,品牌传播与接触点管理过程是十分重要的品牌形象塑造过程。

(三)品牌价值管理

当产品(服务)及其品牌符号与意义系统通过品牌接触点实现品牌传播,并被消费者所体验、感知和认知时,产品(服务)与消费者之间便会形成特殊的关系。这种关系可以塑造品牌的有效价值,也可能产生无效甚至负面的价值。如果形成了无效或负面的价值,那么品牌的传播效果就是失败的。相反,当传播产生了正面效果后,品牌的正向价值便得以形成。一旦品牌价值形成,就需要对其进行有效且科学的管理。品牌价值管理包括对品牌核心价值及其相关价值体系的管理。此外,品牌价值管理过程的规范性和品牌价值管理的有效性直接决定了品牌价值是否被稀释、降低或分化。

在利用品牌价值进行品牌延伸时,品牌价值管理的作用显得尤为重要。品牌延伸策略实际上是对品牌已有价值的延伸和利用。这一策略的有效性及其可能产生的不良影响,都是品牌价值管理需要考虑的问题。

(四)品牌整合管理

品牌的整合管理涵盖了品牌发展过程中的多个方面,主要包括产品(服务)研发管理、产品生产过程管理、产品符号与意义系统管理、传播内容与过程管理、品牌价值管理、品牌创新管理、品牌保护与品牌延伸系统管理、消费者管理、品牌管理制度设计与管理、人力资源管理等。

品牌整合管理的整合性不仅体现在协同整合各方资源,实现对一个品牌的全方位、系统管理,而且可以进一步形成立体的产业扩展链,实现品牌溢出效应及其管理。

第三节 农产品网络品牌的塑造

一、品牌故事和价值观

品牌故事和价值观对于农产品网络品牌的塑造至关重要。通过讲述农产品的背景故事、生产过程、独特之处和价值观,可以引发消费者的情感共鸣,建立情感连接,增加品牌的认知度和忠诚度。

第一,背景故事。品牌故事的第一步是介绍农产品的背景。这包括农场或农业企业的历史、起源和背景信息。可以描述家族农场的传承和悠久历史,或者讲述如何在当地社区中建立起农业企业的故事。这样的背景故事可以为品牌增添温情和亲近感。

第二,生产过程。详细描述农产品的生产过程对于提高品牌的透明度和可靠性至关重要。消费者越来越关注食品的安全,因此了解农产品的生产环境、种植方法和养殖方式对他们而言至关重要。提供关于农产品的有机种植、无农药和无化学添加剂等方面的信息,可以增强消费者对品牌的信任和增加消费者选择该品牌的动力。

第三,独特之处。突出农产品的独特之处是塑造品牌的关键。这可能包括特殊的土壤条件、独特的种植技术、传统加工方法或精选的品种等。通过强调这些独特之处,品牌可以从市场中脱颖而出,与其他品牌区分开来。

第四,价值观。品牌的价值观是塑造其形象的核心。农产品的价值观包括可持续农业、环境保护、社会责任、地方支持和品质保证等。要确保品牌故事和传播活动能够传达这些价值观,并与目标受众的价值观相契合。例如,如果品牌注重环境保护和可持续发展,就可以强调使用可再生能源、减少化学肥料和包装材料的做法。

为了让品牌故事更加引人入胜,可以采用生动的叙述方式,描述农产品背后的情感和故事,让消费者感受到农产品背后的热情和奉献。同时,要确保故事与品牌的核心信息和价值观相一致,让消费者能够理解和认同。

除了文字叙述,利用多媒体内容来丰富品牌故事的呈现也是非常重要的。通过照片、视频和音频等形式展示农产品的生产过程、农场景观和农民的故事,可以更直观地传达品牌的形象和价值观。在网站、社交媒体和营销材料中有效利用多媒体内容,可以吸引消费者的眼球并加深其对品牌的印象。

品牌故事是一个持续发展的过程,可以随着时间的推移更新和调整故事。通过持续的品牌沟通和故事的定期更新,可以不断加深消费者对品牌的了解和认同。

二、品牌标识和视觉元素

独特的品牌标识和视觉元素是塑造农产品网络品牌形象的重要组成部分。设计一个独特的易于识别的品牌标识和视觉元素,如标志、颜色、字体和图形等,在网站、社交媒体和包装上使用,可以增强品牌的可视性和识别度。以下详细介绍如何设计和应用这些元素。

(一)如何设计

1. 品牌标识

品牌标识是品牌的核心图形标识,具有独特性和识别度。开始设计品牌标识之前,需要明确品牌的核心价值和定位,并在设计过程中体现出来。

建议使用与农产品相关的元素(如农作物、农场景观或农业工具等)进行设计,以在标识中传达品牌的行业背景。

确保标识设计简洁、清晰,便于在各种场所和媒体上使用。一个简洁而有力的标识更容易被人们记住和识别。

2. 视觉元素

(1) 颜色选择

颜色在品牌形象塑造中扮演着至关重要的角色,不同的颜色能够传达不同的情感和意义。选择与农产品和品牌定位相匹配的颜色是关键。

建议使用大自然的色彩,如绿色、黄色和褐色等,以突出农产品的天然和健康特性。这些颜色能够唤起人们对大自然和农田的联想。可以结合使用不同的颜色来营造品牌的层次感和对比度,但需保持整体风格的一致性。

(2) 字体选择

字体是品牌视觉元素中的重要组成部分,它能够传达品牌的风格和个性。选择一种适合品牌形象的字体,能够增强品牌的识别度和一致性。

建议使用简洁、清晰的字体,避免过于花哨或难以辨认的字体。这样能够确保文字信息的易读性和可理解性。如果想要传达品牌的传统、自然或手工艺感,可以选择一些具有手写或手工风格的字体。

(3) 图形和图案设计

图形和图案可以作为品牌视觉元素的补充,用于在品牌推广材料和产品包装上增加视觉吸引力。

建议使用与农产品相关的图形,如植物图案、农田景观或农业工具等,以增强品牌与农业领域的关联性。选择一种独特而简洁的图案设计,使其与品牌标识和整体视觉风格相一致。这样可以确保品牌的一致性和连贯性。

(二) 如何应用

将品牌标识和视觉元素应用于网站、社交媒体和包装等渠道,可以增强品牌的可视性和识别度。

① 在网站设计中,使用品牌标识和配色方案,确保页面的一致性和专业感。同时,保持字体一致和排版规范,使文字信息易读且整齐有序。

② 在社交媒体上,使用品牌标识作为头像或个人资料照片,确保品牌在不同平台上的统一性。

③ 在产品包装上,将品牌标识和视觉元素融入设计中,使包装能够吸引目光并与其他竞争对手区分开来。

确保品牌标识和视觉元素在所有品牌相关的材料和渠道中保持一致性。这包括网站、社交媒体、包装、广告和市场推广活动等。

开发品牌标准手册,详细规定品牌标识的正确使用方式、颜色规范和字体规范等,以确保品牌在不同渠道上的一致性和统一性。

培养团队成员和合作伙伴的品牌意识,确保他们能够正确理解和应用品牌标识和视觉元素。

三、品牌声音和语调

确定品牌的声音和语调,即在与受众交流时所使用的语言风格和语气。农产品的品牌声音可以是亲切的、友好的、专业的、可靠的、温暖的、创新的等,取决于目标受众和品牌定位。

(一) 声音的特点

声音的特点是品牌塑造中至关重要的因素之一,它能够直接影响消费者对品牌的认知和情感连接。根据目标受众和品牌定位,确定想要传达的声音特点对于确立品牌的个性和定位至关重要。

1. 亲切

亲切的声音传达出温暖、友好和亲近的感觉。这种声音能够让消费者感到被关心和照顾,有助于建立品牌与他们之间的情感连接。在与受众交流时,要使用友善和亲切的语言风格,采用亲切的语气,用一种朋友般的语气与消费者交流。

2. 友好

友好的声音营造出友好、开放和愉快的氛围。这种声音使消费者感到舒适和放松,愿意与品牌建立积极的关系。在与受众交流时,要使用友好和轻松的语言风格,表达对消费者的友好态度,倾听他们的需求并给予积极回应。

3. 专业

专业的声音传达出专业知识、可信度和专业素养。这种声音使消费者对品牌的能力和专业性产生信任感。在与受众交流时,要使用专业和权威的语言风格,提供准确的信息和专业的建议,以提升品牌的专业形象。

4. 可靠

可靠的声音传达出可靠性、稳定性和可信度。这种声音使消费者对品牌产生信任,相信品牌能够履行其承诺并提供优质的产品和服务。在与受众交流时,要使用坚实可靠的语言风格,强调品牌的可靠性和稳定性,让消费者相信品牌始终是他们身边可靠的伙伴。

5. 温暖

温暖的声音传达出关怀、关爱和温馨的感觉。这种声音能够营造出温馨的氛围,让消费者感到宾至如归。

在与受众交流时,要使用亲切而温暖的语言风格,传达出关怀和温馨,让消费者感到品牌真正关心他们的福祉。

6. 创新

创新的声音传达出品牌的创造力、前瞻性和创新精神。这种声音能够激发消费者的好奇心,吸引他们探索品牌的独特之处。

在与受众交流时,要使用富有创造力和前瞻性的语言风格,强调品牌的创新性和与众不同之处,让消费者感到品牌是引领潮流的先锋。

(二)语调的选择

语调的选择是农产品网络品牌塑造中的关键因素之一。在确定品牌的声音特点后,选择与之相匹配的语调将有助于建立与目标受众之间的情感连接,并增强品牌形象的一致性。下面详细介绍如何选择适合的语调以满足品牌声音的特点和目标受众的喜好。

1. 正式语调

正式语调适用于需要传达专业性、权威性的场合和正式的场合。这种语调通常用于提供严肃和正式的信息,强调品牌的专业形象和可靠性。

正式语调适合行业专业性较高的农产品品牌,如农业科技、农业研究机构等。在与目标受众交流时,要使用规范的语言和较正式的措辞,确保传达出专业性和权威性。

2. 轻松语调

轻松语调适用于轻松、亲切和友好的场合。这种语调可以帮助增强与消费者之间的亲近感,让他们感到轻松和愉快。

轻松语调适合面向大众消费者的农产品品牌,如农产品销售、农场旅游等。在与目标受众交流时,要使用轻松、亲切和友好的语言风格,注入幽默和轻快的元素,使消费者感到愉悦和舒适。

3. 幽默语调

幽默语调适用于品牌希望通过幽默和风趣的方式与受众进行互动的情况。这种语调能够吸引消费者的注意力,并增加品牌的记忆度。幽默语调适合注重创新和与众不同的农产品品牌,如有机农产品、独特农产品等。在与目标受众交流时,要使用幽默、诙谐的语言风格,通过有趣的言辞和俏皮的表达方式与消费者建立联系。

4. 严肃语调

严肃语调适用于需要传达严肃、权威的信息的情况。这种语调用于涉及重要问题、提供正式建议或强调品牌的专业性和可靠性。严肃语调适合注重农产品安全、环境保护的农产品品牌。在与目标受众交流时,要使用严肃、专业的语言风格,传达出品牌的严肃性和对事物的认真态度。

第四章 农产品网络营销的社会化推广

农产品网络营销的社会化推广是通过网络社交媒体(微博、微信、社群等),将农产品信息传播给更广泛的受众,利用用户的口碑传播和社交影响力,扩大品牌影响力和市场份额的战略。基于此,本章探究农产品微博营销及实施、农产品微信营销及实施、农产品社群营销及实施。

第一节 农产品微博营销及其实施

一、微博营销

微博是一个即时信息传播平台,在信息传播和分享的过程中,可以给用户最短的路径,让用户快速准确地获取有价值的内容。微博的用户数量非常庞大,发布信息和传播信息的速度都非常快。微博营销是指商家和个人通过微博平台为用户创造价值的一种营销方式。微博营销注重价值的传递、内容的互动、系统的布局和准确的定位,是一种基于粉丝基础进行的营销。对于营销者而言,微博上的每一个活跃粉丝都是潜在的营销对象。企业用户可以通过微博向粉丝传播品牌信息、产品信息,树立良好的企业形象,增加品牌影响力。个人用户也可以通过微博建立自己的粉丝圈子,打造个人品牌,开展各种营销活动。

(一)微博营销的主要特点

微博营销具有高速度、广泛性、便捷性和立体化这四大基本特点。

第一,高速度。一条关注度较高的微博在互联网以及与之关联的手机平台上发出后,短时间内就可以抵达微博世界的每一个角落,达到短时间内最多的点击人数。微博最显著的特征之一就是传播迅速。

第二,广泛性。通过粉丝关注的形式进行病毒式的传播,影响面非常广泛,同时,名人效应能够使事件的传播量呈几何级数放大。

第三,便捷性。微博营销优于传统的广告营销,发布信息的主体无须繁复的行政审批,从而节约了大量的时间和成本。

第四,立体化。微博营销可以借助先进的多媒体技术手段,以文字、图片和视频等展现形式对产品进行描述,从而使潜在消费者更形象、直接地获取信息。

(二)微博营销的内容策划

微博营销必须首先定位营销的目标人群,然后策划具有吸引力的内容来吸引用户浏览、评论、转发。微博拥有几亿用户,每天产生的信息数量非常大,每一位用户几乎都只会关注自己感兴趣的信息。策划微博营销内容先要收集微博素材。一般来说,与自身微博定位相符的专业领域的知识是吸引粉丝的主要内容,如科普微博的科普信息、企业微博的产品信息等。

1. 短微博的内容策划

微博营销的内容没有严格的内容和形式要求,但是要想使微博信息得到关注和传播,还需要有针对性地进行设计。从原则上来说,有价值的、发人深省的、容易让人产生认同感的、有趣的、有创意的、真实的内容更受用户的欢迎,也更容易获得评论和转发。配图可以是对微博内容的补充,也可以是对微博文案的强调和说明。配图与微博内容最好能够匹配,让读者可以通过微博内容和微博图片品出深意,给读者带来惊喜,这样更容易促进微博内容的转发和讨论。当需要表达的内容无法通过简短的语言、精练的图片表述清楚时,可使用长微博进行表达。

2. 长微博的内容策划

长微博不同于短文字或图片,长微博通常需要读者花费更多的时间和精力去阅读,而支持读者坚持阅读下去的动力,是长微博的内容价值。因此,写长微博内容前首先需要针对目标人群的特点和喜好进行选题策划,然后进行内容的策划和写作。常见的长微博内容有:自己所在领域或行业的相关知识;对时下热点、话题进行的评价;一篇有阅读价值的软文。下面介绍长微博的内容策划。

(1)标题和摘要

一个好的标题和精妙的摘要非常重要。长微博在微博中直接显示的主要信息就是标题和摘要,只有读者对标题和摘要感兴趣并点开长微博后,才会继续阅读正文内容。长微博的标题设计通常比较简练,标题最好能够快速勾起读者的好奇心和阅读欲望,将能够提供给读者的价值直截了当地通过标题表达出来,让读者可以快速确定自己对这篇长微博的内容是否感兴趣。

(2) 正文内容

正文内容应该与标题相匹配,也就是说,正文内容必须有价值,确保被标题吸引进来的读者不会感到被标题"欺骗"。

(3) 排版设计

一般来说,字号应该适中,标题、重要句子和词语可以加粗显示,最好让文章的字体和字号产生对比;也可以添加一些图片、表情等元素,增加排版的美观性,提升读者的阅读兴趣。排版质量直接关系着读者的阅读体验。

(4) 表达风格

文章风格也应考虑读者的特点,根据目标用户喜欢的风格来调整自己的写作方式,以获得更大的阅读量。表达风格通常与微博博主的个人写作风格有关,可以是严谨的、精准的,也可以是幽默的、有趣的。

(三) 企业官方微博的打造

企业微博营销首先要进行企业微博账号的设置,包括微博名称设置、企业微博装修、微博矩阵创建等内容,其中每一项设置都基于企业的营销策略,目的是实现品牌建设价值的最大化。微博具有很强的互动性和传播属性,这些特点使其成为诸多企业用以维护用户关系、进行品牌推广的重要工具。

1. 微博名称设置

与个人微博名称一样,企业微博名称也应该尽量避免与其他微博名称高度重合,因此企业必须具有名称保护意识。企业微博的名称通常与企业名称保持一致。根据微博性质、特色、功能和服务等,也可以添加一些修饰,如"海尔好空气""宝洁中国""宝洁招聘"等。

2. 企业微博装修

企业简介、行业类别、个性域名、微博头像、微博背景、微博认证、轮播图片等都是企业微博需要进行装修的内容,应该在企业定位的基础上,尽量体现企业品牌和文化。

3. 微博矩阵创建

微博矩阵是指根据企业需求建立多个微博账号,形成一个完整的微博营销体系,实现多账号的联合运营,从而达到最佳的营销效果。例如,小米的微博营销体系包括了公司CEO、高层管理人员、职能部门员工、公司品牌、产品品牌等在内的多个微博账号,同时对公司品牌和个人品牌进行营销打造,每个微博账号交叉关注,形成一个多维度的矩阵结构。

二、农产品微博营销的思路

(一) 树立运营媒体的平台意识

微博与其他社交产品有一个重要的不同点,它是一个开放性的自媒体,同时也是一个活跃的交流平台。要站在运营媒体的高度来看待这个平台,更好地搭建和完善它,充分开发和利用这个平台,整合更多的资源,以达到农产品营销的目的。在营销开始时,具备相当强的平台意识,是农产品营销取得成功的先导条件。平台意识的建立,需要注意以下三个方面。

第一,明确这是一个媒体平台,要有经营媒体的意识。在微博中,如果不设特定人群分享,那么所有发布的文字,所有人都可以看到。在农产品营销上,其好处是便于农产品信息的传播;不好的地方是,如果发布了私密性强或有缺陷的信息,可能会引起大众的非议。

第二,微博是一个交流的平台,交流就要有互动,除了要与私信、评论的网友互动,还要主动与其他网友进行沟通和交流。

第三,善于利用别人的平台。在微博营销中,从严格意义上说,任何人的力量都是薄弱的,哪怕是粉丝上千万的公众大V。因为任何一个微博在无数的微博面前,都可能被忽视。只有从一个平台到另一个平台,从一个微博转发到另外一个微博,从消息源微博开始凝聚和集结,才能显示出微博的力量,并进而转化为营销的力量。

(二) 树立企业运营的品牌理念

任何小得不能再小的个体,都与外界有着千丝万缕的关系,也都有着其特有的品牌。微博也是一样,任何一个微博,都是一个富有个性的品牌。品牌理念是企业统一化的识别标志,对于企业的整体运行和良性运转具有战略性功能与作用。任何一个微博,都是企业统一化识别标志的外在表现。在微博营销中,要以经营品牌的理念,对微博进行合理的定位,结合微博的相关特征,通过微博全方位地进行品牌渗透和产品推广,形成系统化的品牌运营,在不断强化的过程中,形成品牌的核心价值。比如,起名、认证、标签、关键词,发布的内容选择及互动的人群等,都要围绕品牌开展运营。只有通过持之以恒地开展品牌微博运营,才能更好地推动营销,形成品牌竞争力。因此,在开展微博营销时,很有必要先对农产品进行一定的品牌塑造,完成对品牌的定位和策划,推动营销工作更好地开展。

(三) 坚持"内容为王"的品质管理

品质是企业综合力的体现,也是企业实力最直接的展示。品质管理不仅能确保产品符合相关的标准和规格,更重要的是能提升客户满意度。对品质的追求,也是对产品竞争力的追求,对品质的管理,除了有对产品的标准化管理要求外,更重要的是,要让客户获得更大的满足感。

在农产品的微博营销中,首先,产品品质必须获得大众认可,赢得客户信任,从而吸引粉丝购买;其次,微博营销的品质管理应坚持"内容为王"的原则。微博营销的成败不仅取决于粉丝的数量和转发量,内容的质量也是关键因素。无论是传播品牌价值还是进行营销推广,微博的主要表达方式除了图片和视频外,文字仍然是核心。由于微博只能发表一百多字的内容,粉丝的互动和交流,如围观、关注、评论和转发的数量与质量很大程度上取决于内容的优劣。

因此,在有限的篇幅内,进行高效且吸引人的内容表达是取胜的关键。也就是说,对微博营销来说,品质管理就是要坚持"内容为王"的原则。做好"内容为王",就要明确微博的定位,包括农产品、相关服务以及相关分享等。注意,要对粉丝的实用价值、情感价值、交流价值、时尚价值等方面进行挖掘。

在内容选择上,除了要与专业挂钩,保持微博的专业属性外,还要尽量选择开放性的话题,以期获得更多的关注。对于一些闭合性强的话题,要谨慎发布,以免受到粉丝的反感,降低传播率。在发布微博时,也不要只发布文字,可以结合一些图片、视频、音乐等,做到图文并茂,有图有真相,取得相得益彰的效果。

除此之外,还要注重对发布的内容进行规划,定期更新微博信息,注重内容的连续性和完整性。微博平台虽然对信息发布频率没有太多限制,但对于营销来说,培养粉丝的阅读和参与习惯也是微博营销的重要方面。要注意发布的话题之间要有所关联,最好能融入农产品和服务的有关信息,提高转发率。可参考电视或杂志中的栏目运作,在微博中设立相关的栏目,对相关的内容进行整合,定期更新,使粉丝在这种阅读强化中形成习惯。这样便可解决微博营销中可能出现的传播率下降的问题,提升微博关注的热度,吸引目标客户的关注,避免刚发的信息被后面信息覆盖的现象发生。

(四) 为参与者提供丰富体验

作为交流平台,微博也具有生活化、娱乐化的特点。在登录微博的人群中,很多人都抱有猎奇、围观、获得信息和体验的心理。因而,在进行农产品的微博营销时,也要注重情感的真实体验和分享特质。如果在开展微博营销时,能够调动粉丝的积极性,推动粉丝参与,满足粉丝的期望,那么营销的效果就会立竿见影。

(五) 提供完善的配套服务

由于微博营销是一个开放平台,任何时候任何人都可以与微博运营者进行互动。这就要求微博的运营者制订一套规范的微博客户服务制度,积极与粉丝进行互动,而这种客户制度并不局限于销售及售后服务,而是全天候、全方位的服务过程。国外许多企业把微博当成重要的客服工具,在微博上,粉丝的问题都会得到细心周到的回应。我国许多企业也投入了大量人力来维护与粉丝的关系。然而,也有一些微博运营者过于重视内容发布,而忽视了与粉丝的互动,不认真对待粉丝的留言,缺乏深入的交流,这将难以赢得粉丝的信任,也不利于客户的拓展。只有更主动、更积极、更有效地与粉丝互动,微博才能活跃起来,微博营销的效果才能更好地显示出来。

三、农产品微博营销的要点

(一) 微博营销要与其他社交工具相结合

每一个产品都有其优点和缺点。就微博营销来说,它的弱关系及有限传播力会使营销效果有所削弱。而且随着微信的兴起,很多人都利用微信进行营销,而忽略微博营销。此外,很多企业和个人在微信营销上也取得了很好的效果,有的企业甚至退出微博,转战微信,这对微博营销产生了巨大的冲击。同时,大型网站、专业网站的优势也不可忽视。要想成功营销一个产品,不能仅在一种社交平台上做推广。当然,在微博功能不断增强的前提下,否定微博平台的营销功能还为时尚早,当前微博还是重要的营销工具之一。但是,多平台经营已成为很多企业和个人的共识。现在很多有远见的企业或个体,都会在微信上运营一个公众号,也会注册一个专业微博,也会有网站、QQ等,多渠道宣传,这样才能更好地提升营销效果。

(二) 吸引媒体或大V的注意

在微博营销成功的案例中,通常有一个能够发生裂变的消息源,这个消息源经过媒体或者其他公众大V的传播后,传播量大增,由此得到更多用户的关注,才产生了相应的营销效应。或者是该微博有其独特的属性,并取得很好的营销效果,然后再经过媒体的宣传炒作,或者公众大V的转发评论,其营销效果得以更大的提升。所以,在农产品的微博营销中,要善于借用媒体或者大V的力量,特别是在话题的炒作上,一条一百多字的微博如果没有其他力量的推动,能产生的裂变效应是有限的。但是经过媒体或者公众大V的推动后,这条微博就会得到更多人的关注,这不仅节省了一大笔宣传推广费用,还能达到很好的营销效果。

(三) 不必刻意追求粉丝量

微博粉丝量是考量微博影响力的指标,但并不是最重要的指标。因为粉丝的关注行为存在一定的随机性,所以粉丝的质量难以保证。虽然理论上所有的粉丝都可能成为客户,但实际上很多粉丝都因为各种原因未能做出购买决策。事实上,有效粉丝量比粉丝总量更为重要,无效的粉丝只是表面上好看,对销售的拉动相当有限。特别是在农产品的微博营销上,与其他的营销有所差别的是,不必太过追求粉丝量。对于一些专业领域的、本行业内的、本地区内的粉丝,就要把他们作为重点目标客户和重点服务对象,农产品微博运营者要投入精力管理微博,多互动多服务,实行精准营销,这样可以增强营销效果。

(四) 选择开展微博营销的时机

任何农产品都有一个销售周期,一旦农产品超过销售周期,就意味着滞销和亏损。虽然微博的传播速度快,但是,如果没有提前预告,匆忙之间进行微博营销,运营不当,可能也不会有什么效果。所以,进行微博营销要趁早,在农产品还没有到销售期时,就要提前预告,除了推介农产品外,还应把农产品的生长情况、生长环境、销售周期等相关信息都告知粉丝,使粉丝对农产品有更深的了解。此外,在进行微博营销时,也要把物流、天气因素都考虑进去,这样在微博上达成交易,在交货时也可确保农产品的鲜活特性,使客户如期得到称心如意的农产品。

四、农产品微博营销的实施

(一) 互动和回复

农产品微博的互动和回复要注意如下几点。

第一,及时回复评论和提问。在微博发布的内容中,用户可能会留下评论或提出问题。对于每一条评论或问题,要尽快回复。

第二,提供有用的建议和答案。在与粉丝互动时,不仅仅是简单地回复,还应提供有价值的建议和答案。针对用户的问题,要给出专业的建议和解决方案,帮助他们解决问题。这种积极的互动有助于塑造品牌在农产品领域的专业形象,增强用户对品牌的信任和忠诚度。

第三,鼓励用户参与讨论。除了回答用户的问题,还要积极鼓励用户参与讨论。提出开放性问题,邀请用户分享他们的观点和经验。通过与用户的互动和讨论,可以建立更紧密的联系,提升用户对品牌的关注度和参与度。

第四,展现真诚和友好。在与粉丝互动时,应保持真诚和友好的态度。在回复评论和提问时,使用亲切的语言表达,让用户感受到被关注和重视。这种友善的互动有助于建立良好的用户关系,增加用户对品牌的好感和忠诚度。

第五,关注用户生成的内容。积极关注并回复用户生成的内容,例如转发、评论或@提及品牌的微博。对于用户积极参与和推广农产品的行为,应及时给予肯定和回应,以激励更多的用户参与和推广。

第六,利用私信功能。除了公开回复,还可以利用微博的私信功能与用户进行一对一的交流。当用户有私密问题或需要进一步帮助时,可以通过私信与他们直接沟通,提供个性化的解决方案和支持。

第七,持续互动。互动和回复不应仅仅停留在单次的回复上,要保持持续的互动。同时还要定期回顾和回复之前的留言和评论,继续与用户进行交流。这种持续的互动有助于建立长期的用户关系,增加用户的参与度和忠诚度。

(二)创造活动和话题

(1)抽奖和赠品活动

组织抽奖和赠品活动是吸引用户参与的常用策略。通过微博平台发布抽奖活动的规则和奖品信息,可鼓励用户参与并分享活动内容。提供有吸引力的奖品,例如农产品礼品包、折扣券或品牌周边产品,可以激发用户的兴趣和参与热情。

(2)用户生成内容比赛

通过组织用户生成内容比赛,可以激发用户的创造力和提升用户的参与度。企业提出与农产品相关的主题,鼓励用户创作并发布与主题相关的图片、视频或故事,并设置奖项以激励参与者。同时,要鼓励用户分享自己的作品并邀请其他人参与投票和评论,以提升活动的影响力和参与度。

(3)热门话题和事件

要时刻关注当前的热门话题和事件,尤其是与农产品相关的话题。企业参与相关的讨论,发表与品牌相关的观点和见解,以增加品牌的曝光度。利用相关的标签和关键词,将品牌的声音与热门话题联系起来,引起用户关注,促进用户参与。

(4) 主题活动和纪念日

利用特定的主题活动和纪念日来吸引用户参与和分享。例如,在世界农民日、健康饮食月、传统农产品节等,可以发布相关的内容和活动,分享有关农产品重要性和优势的信息,提供相关的烹饪食谱或健康饮食建议等资源。这样的活动可以增加用户对品牌的关注度,同时与用户共同庆祝和纪念相关的重要日期。

(5) 用户故事

鼓励用户分享与农产品相关的故事和经验。用户可以分享自己与农产品相关的亲身经历、烹饪创意等。可以将这些用户故事发布在微博上,并配以相关的标签和话题,以引起其他用户的关注。

(6) 与社会责任相关的活动

参与社会责任相关的活动,如环保活动、农村扶贫活动等。发布品牌在社会责任方面的努力和成就,并邀请用户参与活动或进行捐赠。这种积极参与社会责任相关活动的举措可以提升品牌形象,同时吸引用户的关注和获得用户的支持。

(三)利用微博提供的工具和功能

利用微博提供的工具和功能是农产品微博营销中的重要策略,可以增强品牌的可视性和互动性,吸引用户的关注和参与。

(1) 微博的直播功能

微博直播是一项强大的功能,可以实时分享农场活动或农产品的制作过程,以吸引用户的关注和参与。通过直播视频,可以展示农场的美景以及农产品的种植过程、收获过程和加工过程等,让用户亲眼看见农产品的品质。同时,在直播中与用户互动,回答他们的问题,可以增加用户的参与感和品牌的亲近感。

(2) 微博的投票功能

微博的投票功能可以用于与用户进行互动和了解他们的意见和喜好。品牌可以发布有关农产品的投票主题,例如"你更喜欢哪种口味的农产品?"通过投票,用户可以表达自己的意见和喜好,与品牌进行互动。这种投票互动不仅可以增加用户参与度,还可以帮助品牌了解用户需求,优化产品和服务。

(3) 微博的话题讨论

微博提供了热门话题和话题榜单,品牌可以关注这些热门话题,并参与相关的讨论。通过发布与农产品相关的内容,使用相关的标签和关键词,可以将品牌的声音与热门话题联系起来,增加品牌的曝光度和讨论参与度。这种参与热门话题的方式可以吸引更多用户的关注和互动,扩大品牌的影响力。

(4) 微博的问答功能

微博的问答功能可以用于与用户进行互动,并提供有用的建议和答案。品牌可以在微博上发布与农产品相关的问题,邀请用户回答并提供自己的见解。同时,品牌也可以回答用户提出的问题,提供专业的建议和解决方案。这种问答互动可以建立品牌的专业形象,增加用户对品牌的信任和忠诚度。

(5) 微博的互动小游戏

微博平台上有许多互动小游戏,品牌可以利用这些游戏吸引用户的参与和互动。例如,与农产品相关的记忆游戏、拼图游戏或有奖竞猜等。通过参与这些小游戏,用户可以获得奖品、优惠券或积分等奖励,增加对品牌的关注度和忠诚度。

(四) 跟踪和评估成效

效果可跟踪和评估是微信营销的重要特点之一。借助微信平台提供的数据统计和分析工具,企业能够全面了解推广活动的实际效果,并对其进行评估和优化。这种数据统计和分析工具为企业提供了有力的支持,使其能够更加科学地进行营销决策和策略调整。

第一,微信平台提供了丰富的数据统计功能,可以收集和分析各类关键数据指标。企业可以获得有关推广活动的曝光量、点击量、转化率等重要指标,这些数据能够客观地反映出用户对于品牌和产品的关注程度以及购买转化情况。通过对这些数据进行定期监测和分析,企业可以深入了解推广活动的效果,发现问题和潜在机会,并及时采取相应的措施。

第二,微信平台提供的数据分析工具可以对推广活动的效果进行深入分析。通过对用户行为数据进行挖掘,企业可以了解用户的兴趣偏好、消费习惯和购买行为等信息。通过分析这些数据,企业可以更准确地把握用户需求,针对性地制定营销策略和推广活动,以提高用户的参与度和购买意愿。

第三,微信平台还支持多种数据可视化方式,如图表、报表等,使数据呈现更加直观和易于理解。这些可视化工具可以帮助企业快速掌握关键数据,发现数据之间的联系和规律,从而更好地评估营销效果,发现问题并及时调整策略。

通过对推广活动效果进行跟踪和评估,企业能够及时发现并采取相应措施,优化推广策略,从而提高营销效果。企业可以根据评估结果对目标受众、内容创作和推广渠道进行调整和优化,以提升品牌曝光度、增加用户参与度和促进销售增长。

第二节 农产品微信营销及其实施

一、微信营销

微信基于智能移动设备而产生,其简洁的界面、便捷的操作等使其成为一款渗透率高、覆盖率广的主流即时通信软件,积累了大量的活跃用户,并渗透到人们生活和工作的方方面面。微信营销是建立在大量活跃用户的基础上的,微信是现在国内最具影响力的移动通信软件,依托其投放的精准性、传播的及时性和扩散性等特点,微信平台已经成为移动互联网时代保险销售的重要渠道。微信积累了大量的活跃用户,并渗透到人们生活和工作的方方面面。微信营销是建立在微信大量活跃用户的基础上的,其特殊的点对点营销模式、灵活多样的营销形式和较强的用户黏性,更是为企业或个人营销提供了更多可能。微信营销主要建立在智能手机、平板电脑等移动终端上,是网络经济时代企业或个人常用的一种营销模式。微信营销随微信的普及而兴起,不受地理距离的限制,微信个人用户可以通过微信订阅自己所需的信息,商家可以通过提供用户需要的信息来推广产品,从而实现点对点营销。

(一) 微信营销的类型

1. 微信朋友圈的营销

微信个人营销可以被看作微信朋友圈营销,其营销的对象是关注了自己的好友。因此,在进行营销前需要先发展并获得足够多的好友。获得好友后还要进行维护,经常与好友进行互动,以增加自己的曝光率,加强与好友之间的联系。但要注意保持礼貌和适当的频率,也不要发布虚假广告和无意义的信息。同时要保护微信好友的个人信息,不要私自泄露给他人。有问题需要咨询或讨论时,尽量提前组织好语言,做好准备。需要发送语音之前,提前询问对方是否方便。节日问候、话题讨论等都是比较常用的互动方式。微信个人营销是微信营销中非常重要的部分,甚至很多企业都是以"公众号+个人微信号"的形式进行运营。朋友圈营销的内容通常可以通过以下三种途径进行设计。

(1) 巧用热度发布

在互联网经济时代,热点新闻、热传段子的传播速度非常快。一个合格的运营者必须懂得利用这些热点,打造自己的产品热度。借助热度发布朋友圈广告,可以快速获得用户的认同感。在借助热点发布朋友圈广告时,还可以根据需要与用户保持互动,并且热点事件也更容易吸引用户进行互动。

(2)对症下药发布

对于朋友圈广告而言,对症下药非常重要,将广告推广给合适的人更有利于产品宣传。这里的"对症下药"主要表现在两个方面:一方面,根据用户的风格类型"对症下药";另一方面,根据用户的关系"对症下药"。前者主要表现为根据用户的类型进行推广,后者主要表现为根据用户的关系深浅程度进行推广。此外,为了保证推广效果,还可以分析一下目标客户在朋友圈的活跃时间,并在其查看朋友圈的高峰期进行推广。

(3)适度的软广告

软广告是一种委婉、真实、润物无声的广告,可用产品故事、人物生活等进行包装。适度包含频率、长度、数量三个方面。

- 频率适度:不要在间隔较短的时间内频繁发布广告。
- 长度适度:广告内容不宜太长,尽量在简短的内容中保证文字轻松有趣。
- 数量适度:不要在一条状态中添加太多产品信息,否则,不仅需要花费用户更多精力进行阅读,不方便用户快速做出购买决策,还容易使他们因为选项太多而放弃决策。

2. 微信公众号的营销

微信公众号是在微信公众平台上申请的应用账号。通过微信公众平台,个人和企业都可以打造专属自己的特色公众号。在公众号上,可以通过文字、图片、语音、视频等形式,与特定群体进行全方位的沟通和互动;也可以提供公众号关注、移动应用下载、卡券分发、品牌活动广告等多种官方推广形式,实现产品宣传、品牌推广等营销目的。微信公众号主要包括服务号、订阅号、小程序和企业微信四种类型。每一种类型的使用方式、功能、特点均不相同,一定要选择最适合自己的公众号类型,只有这样才能达到预期的营销推广效果。微信公众号的名称要与商家在其他媒体平台上的名称相一致,并且简洁易记,方便其他用户搜索。

(1)微信公众号的内容策划

一般来说,公众号推广主要以文章推送为主。文章有原创和转载两种模式,其中原创难度大,但粉丝的忠诚度也会相对较高。公众号的内容策划应该建立在分析和了解目标用户群体的基础上。要让用户长时间保持对公众号的关注,内容、活动、服务等多个方面的策划就要持续满足他们的需求。

第一,文章标题。微信文章的标题写作要有一定的技巧,在标题中添加数字、标点和运算符号可以非常形象地表达出文章的主题思想;也可以借助最新的热门事件、新闻作为文案标题的创作源头,通过大众对社会热点的关注,来吸引读者对文章的关注,从而提高文章的点击率和转载率;还可以通过疑问、对比、夸张等手法营造标题的特殊氛围,以快速吸引读者的注意。

第二,封面设计。为了表达个性化,封面可以使用一些有趣味性、带有独特标志的图片,如个人独特的形象图或带有公众号特有 LOGO(标签)的图。封面图是对文章内容的一个简要说明,可以选择与推送内容相关的图片,或与产品相关的图片;如果推送内容分为不同系列,还可以为每个系列设计对应风格的图片。

第三,正文内容。正文内容可以是科普知识、活动说明、趣味游戏等,但基于手机屏幕的大小,建议微信正文的内容不要超过 3 屏,以避免使读者产生阅读疲劳。

- 图片的搭配:如果图片只是作为辅助文字的插图,可以放在最后,或根据需要调整位置,文字和图片之间的位置关系要以读者的阅读感受是否舒服来衡量。如果图片比较重要,用以引导读者,表述下文要讲述的内容,可以将图片放在段落上方,起到启下的作用。
- 正文与标题:当微信文章需要表达的内容较多时,经常会采用小标题的形式来概括内容的重点,以明确文章各部分的内容。此时,小标题的字体要尽量区别于文章的正文,且要比正文更加醒目,因此可对小标题的字体进行加粗、更改颜色等设置,使其突出显示。
- 段落的设置:进行微信文案的正文设置时,要注意行与行之间、段落与段落之间的距离,行标题与段落之间也要保证有明显的差异,能够让用户明显地区分出段落与段落、标题与段落,让读者阅读起来更加容易。

(2) 微信公众号的运营维护

公众号粉丝可以通过邀请老客户关注、线下客户关注和其他平台引流关注等途径获取,然后,公众号运营者还要对粉丝进行维护,不断提升粉丝数量,提高公众号的影响力。

第一,评论的互动。很多用户在阅读推送内容时,还会阅读评论区的内容,公众号可以在评论区与他们进行互动,或者可以在评论区自评,鼓励用户进行转发。开通了留言功能的公众号,评论区就是与用户互动的有效途径。

第二,关键词回复。在推送文章中提醒用户输入关键字进行回复,引导用户通过回复关键字主动了解内容,提高公众号的使用率;同时还可以在自动回复中加入一些惊喜,提高用户黏性。除了维护原有粉丝之外,关键词回复也是吸引新粉丝的有效手段。

第三,搜集反馈问题。在公众号中可以设计一些用户感兴趣的问题和活动,增加用户的参与度;或者对用户反馈的问题进行解答,对产品的使用情况进行收集和反馈,让用户与用户、用户与公众号之间产生互动。

(二)微信营销的特征

第一,用户基础广泛。微信作为中国最大的社交媒体平台之一,拥有庞大的用户基础。无论是城市还是农村,都有大量的用户使用微信。这使得企业能够通过微信平台接触到广泛的潜在客户群体,提高品牌曝光度和影响力。

第二,社交属性强大。微信是一个社交平台,用户可以与朋友、家人、同事等建立社交关系。微信的社交属性为企业提供了与用户互动和建立关系的机会。通过发布内容、回复评论和留言等方式,企业可以与用户进行直接的沟通和互动,建立良好的用户关系。

第三,营销形式多样。微信平台提供了多种多样的营销形式,如图文推送、语音推送、视频推送等。企业可以根据产品特点和目标受众选择适合的营销形式,进行品牌推广和产品销售。同时,微信平台还支持优惠券、红包等营销工具,增加用户的参与度和激发用户的购买欲望。

第四,推送精准。微信平台具有积累和分析用户数据的能力,可以根据用户的地理位置、兴趣爱好、购买历史等信息进行精准的推送。这使得企业能够将相关的产品信息和推广内容精准地推送给潜在消费者,增强推送效果和提高用户转化率。

二、农产品微信营销的策略

(一)微信营销的市场策略

微信营销首先要经营朋友圈。陌生人之间不一定能互相看到朋友圈,所以要先成为朋友或订阅公众号才能进行对话、查看朋友圈以及看到发布的信息和文章。通过扫描二维码、搜索微信号或好友推荐,可以找到一群志趣相投的朋友。无论是在朋友圈推送信息还是利用公众号推送信息,只要配上自己原创的文字、图片、视频,用心经营,维持活跃度,就能够积累朋友。这种朋友越多,回报越高,微信营销的风险越小。一旦建立合作关系,黏性作用便凸显出来。

(二)微信营销的产品策略

由于水果、蔬菜等生鲜具有季节性,所以在选择产品时可以多选择几种在不同时节进行销售,并且分析微信朋友圈好友或订阅者的信息,以选择产品及产品包装。使用微信的主要客户端是手机,它的屏幕尺寸远不能和电脑相比,因此,微信就不能像淘宝、京东这些平台一样,用几张甚至十几张高清图片来展示产品的细节,也不具备从海量产品中按顾客要求筛选产品的搜索功能。微信朋友圈一次最多可以发9张图,发图时可以配上简单明了的文字说明。通过个人微信账号或公众账号,主要结合个人兴趣爱好上传一些能够逐渐渗透农产品的常识,如营养知识、烹饪方法、挑选方法等,然后每天上传一张或几张产品图片,附带产品说明。图片要尽量真实,文字最好原创,这样才能让人感觉更用心、更亲和。只要每天进行高质量的分享,就能逐渐吸引潜在顾客前来购买。

(三)微信营销的定价策略

价格对消费者心理有着重要影响,如果价格超过消费者的心理价位,消费者会改变既定的购物原则。在传统市场上,消费者对价格信息所知甚少,所以在讨价还价中总是处于不利地位。但在网络条件下,顾客接触的信息丰富,分类挑选又很耗时间,不符合现在白领忙碌的生活节奏。

定价时,首先要了解所销售农产品的产品成本、加工和分销的价格,只有这样综合考虑后,才能为产品制定合理的价格。无论是直销还是代理,定价时都要综合考虑产品的质量、物流的难易程度、朋友圈好友的收入水平和消费习惯。刚进入市场的时候,可以将价格定得略高于市场平均水平,然后再根据消费者的购买频率、促销策略适时调整价格。鉴于微信营销提供的是一对一服务,因此可以对不同区间的价格进行测试,这样就能知道哪种价格更容易被顾客接受。

(四)微信营销的促销策略

微信平台建立后,可以通过一些日常小知识或活动吸引朋友圈的好友,从而增加销售量。例如,可以发布食用方法、存放技巧、相生相克常识等小知识,也可以分享促销信息到朋友圈。这些促销手段可以配合多种工具进行宣传,如微博、QQ、淘宝等,以吸引更多用户加入和关注。此外,还可以根据消费者的购买行为,分等级和批次给予一定的折扣、优惠或礼品。通过朋友圈这个网络上信赖度最强的口碑传播平台,可以引导更多消费者参与,从而提升品牌的影响力和产品的销售额。

三、农产品微信营销的实施

(一) 个人微信营销

1. 个人微信营销包装

(1) 头像

头像是个人微信对外沟通的品牌形象,一方面要避免传递浓厚的商业信息,另一方面要展示个人魅力,因此建议使用积极阳光、有亲和力的个人形象照片,或者展示让人食欲大增的农产品图片。

(2) 昵称

为了便于用户记忆,建议使用中文,最好是真实姓名或品牌名称。

(3) 个性签名

个性签名有很多种方式,根据微信号的特点,可以直接展示业务和需求,同时也需要考虑手机屏幕尺寸。例如,个性签名可以是"坚果销售商,欢迎订购。"

(4) 朋友圈封面

朋友圈封面的图片可以通过软营销的方式,展示业务或者需求信息。如果个人微信号定义为营销号,可以做一张(软)广告图作为封面,把营销的产品放在图片上。

2. 个人微信运营

"建立信任,软营销"是开展个人微信营销的核心。建立信任需要1～3个月的时间,主要通过互动建立信任感。正确使用个人微信,以沟通为主,提供有价值的内容给朋友。这包括私聊、发朋友圈、进行用户分组管理等内容。具体步骤如下。

第一步,通过微信沟通,与朋友圈里的基础好友建立良好的信任关系,每天坚持互动。对好友进行标签分组。此时不建议直接发广告。

第二步,根据对朋友圈人群的了解,选择适合的目标产品,或者根据目标产品的特性来定位潜在用户。

第三步,通过个性签名或者位置来展示所做的产品,并找到产品所针对的用户圈子。

第四步,通过互动积极融入用户圈子。

第五步,将产品植入故事中,赋予产品情感价值,并突出其差异化特点。

第六步,通过活动或者口碑传播,每周发布1至2条软文信息。

(二)企业微信营销

1. 企业微信公众平台

企业微信公众平台是一种专门为企业打造的微信公众号平台,它提供了一系列企业级的功能和工具,用于企业与内部员工、合作伙伴和客户之间的沟通和协作。以下是企业微信公众平台的一些特点和用途。

(1) 内部通讯

企业微信公众平台可以用于企业内部员工之间的沟通和交流。企业微信公众平台可以创建员工通讯录,实现内部信息的及时发布和传达。企业微信公众平台可以发布企业新闻、政策通知、培训资料等,方便员工获取和阅读。

(2) 任务和日程安排

企业微信公众平台可以用于分配任务和安排日程。管理员可以将任务分配给员工,并设定截止日期和优先级。员工可以通过公众平台接收任务通知,并在平台上报告任务进度。此外,企业微信公众平台还可以创建日程安排,提醒员工重要事项和会议时间。

(3) 企业应用集成

企业微信公众平台支持与企业的其他应用进行集成,提供更多的功能和便利。例如,企业微信公众平台可以与企业的 OA(办公自动化)系统、CRM(客户关系管理)系统、人力资源管理系统等进行集成,实现数据的共享和互通。这样,员工可以在公众平台上查看和处理各种业务,可以提高工作效率。

(4) 客户服务

企业微信公众平台也可以用于客户服务和支持。企业可以设置客服功能,以便接收和回复客户的咨询和反馈。客户可以通过微信公众平台与企业进行在线交流,从而解决问题和获取帮助。通过这种方式,企业能够提供更便捷和个性化的客户服务体验,从而增强客户满意度。

2. 微信公众号规划

(1) 微信公众号定位

企业要通过微信公众号定位来确立品牌形象、目标人群。为公众号取名、描述功能、选择公众类型、设计二维码、设置账号头像以及完善认证等环节,代表了企业的品牌形象。

(2) 平台内部建设

微信内容及功能建设主要分为内容建设、功能建设和用户分类 3 个方面。内容建设主要是定期向粉丝推送内容,推送的信息应尊重订阅用户的意愿。内容建设应考虑用户关注公众号的目的,以及他们希望从中获取的信息。功能建设应包括企业简介、企业商城以及企业提供的服务等。用户分类应根据用户特征和企业需求进行分类管理。

(3) 微信公众平台的运营

制定每周或每月的目标,并进行策划与执行。运营应始终从用户的角度出发,以满足用户需求为核心目标。微信公众平台运营的主要内容包括订阅号的内容规划、选择及发布时机,服务号的客户服务,老客户价值的挖掘,微信公众平台的推广,微信营销效果的量化和评估等内容。

(三) 公众号营销

微信公众号这一新型社交媒体平台诞生于 2012 年 8 月,其发展速度飞快。只要打开微信公众号平台,就可以找到涵盖社会各个方面的公众号。所有微信用户都可以接触到微信公众号,微信公众号是微信营销中不可或缺的工具。但由于公众号众多,且内容同质化严重,因此只有不断创新其形式与内容,方能在竞争中脱颖而出并扩大社会影响力。

下面介绍做好微信公众号营销的几个要点。

第一,差异化定位。以事实为基础,适当采用更加引人好奇的标题,能够赢得更多读者的青睐,并取得更好的传播效果。

第二,紧跟时代步伐,适时使用流行网络用语,贴近用户表达习惯。一篇生动、活泼且充满时代气息的文章,与传统的字正腔圆的报道稿相比,能给读者留下更加深刻的印象,而且更容易引发口碑传播。

第三,文字精练,图文结合,亮点突出。从信息传播有效性的角度考虑,随着社会经济和人们生活节奏的不断加快,读者对文字精练程度的要求也越来越高。一项实践调研表明:一篇微信文章篇幅如果超过两千字,用户跳转率会非常高。可以说,长篇累牍的文章无法吸引读者的驻足。所以,微信公众号使用精练的语言,可以让读者在短时间内获取更多有效信息,更容易被大众接受。在短文中适当添加图片,可以提升阅读体验,也可以更快地吸引读者的注意力。采用图文结合的方式进行传播是微信公众号编辑的有效手段。

第四,适时推送,多管齐下。通勤时段、晚饭之后以及入睡之前,是微信公众号的高活跃时段。微信公众号选择在这些时段进行推送,将更容易被读者关注到。微信文章应采用"快餐模式",特别要重视发布时机。当然,优质的微信内容对于提高读者忠诚度才是重中之重。此外,微信公众号的忠实读者,即"粉丝",其数量的增长需要持续不断的宣传推广。只有多管齐下,利用多样化的宣传推广手段,才能提高微信公众号的关注度。例如,可以通过论坛、微博等新媒体平台进行推广,也可以通过活动策划大面积张贴微信公众号的二维码,还可以利用名人效应与公众人物进行互动宣传。此外,微信朋友圈也是一个重要的宣传阵地。如果有实体店,可以通过赠送小礼品来鼓励消费者在朋友圈分享产品信息,这样的宣传推广效果极佳。

第五,沟通互动,微信公众号的沟通互动优势,是纸质媒体所无法企及的。让微信用户参与互动,可以逐步培养粉丝的依赖感和信任感。在互动过程中,对于读者提出的疑问和建议,要认真对待,只有这样才能提高用户的积极性和忠诚度。在互动过程中,要充分考虑读者的视觉感受。沟通过程要尽量做到便捷性、及时性和持续性。沟通互动的过程实际上就是读者体验的过程,良好的互动体验能给读者留下深刻的印象。

(四) H5 营销

近年来,一种新的营销方式逐渐风靡,那就是 H5 营销。这种营销方式互动性强、效果丰富,深受各大企业喜爱。

H5 是 HTML5 的简称,它是一种网页编辑的标识规范,目前绝大多数网页都是基于 HTML 构建的。HTML5 在功能上实现了重大突破,能够独立处理视频、音频和图形的操作,无须依赖第三方插件,并且具有很好的兼容性。在营销领域,H5 通常指的是使用 HTML5 技术制作的移动网页。得益于 HTML5 的强大功能,H5 不仅在视觉效果上表现出色,还拥有之前移动网页所不具备的强大功能,如网页小游戏和互动页面等。

1. H5 营销的特征

(1) 跨平台性

H5 的兼容性十分强大,因此通过 H5 制作出来的页面或者应用,往往可以同时运用在不同的终端和设备上,如 PC 端和手机端,iOS 系统和 Android 系统。这种跨平台性使得制作 H5 的成本相对较低,能够节省企业或品牌的预算,扩大作品的传播范围。

(2) 本地存储性

利用 H5 技术制作的营销内容,往往就是一个页面,不需要耗费本地内存进行存储。与 App 相比,H5 具有启动速度快、运行速度快的优势。除此之外,H5 还拥有图形、动画、视频等不同的表现形式。

(3) 创新性

创新性包括独特的创意、和谐的配色和生动的表现形式。

第一,独特的创意。H5 可以定制各种不同创意的作品,提高营销效果。

第二,和谐的配色。H5 页面的配色需要和谐统一,以提供良好的视觉体验并留住用户。

第三,生动的表现形式。H5 营销具有多种表现形式,企业或品牌在进行营销时,可根据实际需求,选择合适的表现形式,激发用户的参与热情。

(4) 品牌性

品牌性是指 H5 营销能够将企业的产品形象、功能形象、组织形象,甚至人员形象,全面、立体地展示出来,以达到提升企业或品牌知名度的目的。在 H5 营销过程中,优质的内容不仅可以吸引用户参与 H5 互动,还能够在潜移默化中使用户接受企业产品或品牌,提高产品或品牌的曝光度。

2. H5 营销的技巧

H5 能够同时展现图文、音频、视频等不同表现形式的内容,掌握以下技巧,可以让 H5 营销更加有效。

① H5 营销应利用用户的分享和展示需求,激发用户的分享欲望,将 H5 分享给好友或分享到其他社交平台,为 H5 营销带来更多流量。此外,H5 营销还可以引导用户邀请好友助力,或引导用户邀请新用户参与进来,来提升营销的影响力。例如,"还是朋友吗?测测就知道"H5 就通过"邀请好友,测试音乐默契"的方式,引导用户将 H5 分享给其他用户。用户可收听 5 组歌曲,选择每组中最喜欢的一首,组合成自己的听歌结果,并与好友的听歌结果进行对比,查看默契度。

② H5 营销可以利用用户的兴趣点,通过游戏互动吸引用户注意力,提升 H5 的浏览量和产品或品牌的知名度。游戏设计应简单且具有趣味性。在游戏开始前,应使用简单易懂的语言介绍游戏规则。

③ H5 营销可以通过设置奖励来吸引用户点击、参与和分享 H5。例如,"真龙君约你一起踏月追云探嫦娥"H5 就是结合了奖励思维制作的 H5。用户可通过摇骰子得到前进步数,如果摇出真龙君停留在金色格子的步数,就可以抽取当前赞助商提供的奖品,获得奖励。

④ H5 营销能够将营销信息融入用户的日常生活中,根据日常生活场景制作 H5,引发用户共鸣,提高营销效果。例如,"当代年轻人扎心回忆图鉴"H5 通过结合用户的成长对比,将高中时代不同角色的人物形象展现在用户眼前,并与工作后的形象相对比,唤起用户对高中时代的自己的回忆,引发用户的共鸣,这有助于企业拉近和用户的距离,获得用户信任。

第三节　农产品社群营销及其实施

一、社群营销

进入 21 世纪,网络社交平台的普及和发展培养了大量用户群体,为网络营销提供了更宽阔的发展天地。伴随着网络社交平台的移动化、互动化、社群化、体验化和社交化,社群模式的商业形态逐渐形成。简单地说,社群就是一个由有着共同特征的人组成的群体,如以地域聚集的同乡社群、以共同爱好聚集的同好社群、以共同工作聚集的工作社群等。社群营销是指,营销人员通过各种社群来满足用户需求,推销自身商品或服务,而形成的一种商业形态。

(一) 社群营销的方法

建立社群,将一群有共同兴趣、认知、价值观的成员聚集起来并不难,但要做好社群营销,则需要掌握一定的方法。

1. 清晰的社群定位

在建立社群之前,首先必须明确社群定位,明确社群要吸引哪一类人群。社群定位应充分体现企业的核心价值。只有当社群有了精准定位之后,企业才能推出符合社群成员兴趣的活动和内容,不断强化社群的兴趣标签,给社群成员带来共鸣。

2. 持续输出价值

社群群主或分享者在每次分享时都应该全力以赴。在很多社群中,分享者并没有将所有的内容分享出来,有的可能是因为知识有限,有的则是害怕其他成员超越自己,造成成员流失。其实这是一个误区,要让社群发展壮大起来,长久生存,分享者应当将所有内容分享出来,让其他成员有所收获并得到他们的认可和信任,这样,成员之间的关系才会牢固。

(二) 开展社群线上活动

一个社群要想做得有声有色,不让社群成员感到无聊乏味,使社群成员有成就感、荣誉感及相应的收获等,开展社群线上活动必不可少,社群分享、社群福利等都是十分有效的方式,可以不同程度地活跃社群,提高社群成员的积极性。

(三) 策划社群线下活动

在 O2O 时代,线上活动与线下活动相结合才是顺应潮流的营销模式,社群运营也不例外。社群线上交流的是信息,而线下交流的是感情。社群从线上走到线下时,可以建立起社群成员之间的多维联系,让感情联系不仅限于社交平台和网络,而是扩展到生活群、兴趣圈、朋友圈、人脉圈,联系越多,关系越牢固。

社群线下活动的组织难度会根据规模的大小而有所不同。因此为了确保活动的顺利进行,在活动开始前必须有一个清晰、完整的活动策划,包括活动的形式、内容等,以便更好地把控活动全局。

二、农产品社群营销的策略

(一)核心价值策略

核心价值是一个社群生存发展的基础,也是一个社群的目标导向及定位。几乎所有运营成功的企业社群都基于其自身产品。在互联网时代,社群的发展趋势必然是全民自治,群主负责搭建和奠定社群的主题氛围、落实大方向的规则,并对群成员的社交进行引导和管理。当群规则成为全体社员共同遵守的群体意志时,社群便能实现自驱动和自运转。将创建的农产品社区作为宣传推广的阵地,制定群内用户奖励、贴补机制。推动群内用户通过微信、QQ、微博等社交平台发布产品信息,使社群用户成为平台的销售者,加速区域特色农产品信息传递推广,提高区域特产的知名度,形成基于客户体验的新营销体系,增加平台对社群及用户的黏性,发挥平台集聚效应。

(二)品牌服务推广策略

以"地域品牌+企业品牌"为依托,帮助当地的农村供销合作社、农产品企业、农户等创建自有的地标性品牌产品,并从品质、绿色、环保、养生等视角出发,塑造品牌价值,开展品牌包装与推广,实行产地直销,这样一方面能避免陷入农产品同质化竞争的价格战问题,另一方面也能提升用户对区域特色农产品的品牌认知度、美誉度、忠诚度及联想度,拉近平台双方用户的距离,增强终端用户的信任感,从而提升区域土特产在本地、省内乃至全国的品牌影响力。

(三)线上与线下无缝连接策略

在移动互联网时代,人们的社交远比更早时候活跃,移动互联网时代则比互联网时代更活跃。原因是社交越来越方便了。选择方便的社交工具是推动社群发展的重要环节。社群中的每个个体都具有流动性,追求产品性能和使用体验已经不足以构建品牌,品牌和消费者需要建立长久的情感关联和互动体验。"忠诚度低"的问题是进行社群营销的企业面临的最重要的问题之一。这意味着用户黏度低,一旦出现价格更低或者质量更好的可替代的产品或服务,用户就会毫不犹豫地转投他处。实现线上线下活动的一体化,则是规避用户流失问题最有效的方式之一。线上线下无缝连接,是指消费者反映在线上的需求,在线下得到满足。这种方式可以有效缩短客户的等待时间,优化客户的服务体验。在提高客户产品使用体验的同时,客户的活跃度和产品服务的忠诚度随之得到提升。

利用线上大数据了解客户需求→通过个性化优质服务满足客户需求→通过线上线下联动提升客户忠诚度。这是移动互联时代社群营销普遍使用的模式。可以说,社群资源是移动互联时代产业的核心竞争力,但获取这种资源并不容易,能够将之巩固,培养出忠诚的社群成员更是难事。只有借助移动互联网的发展趋势,借助线上线下的一体化,提升社群成员的忠诚度,才可以实现企业与消费者的共赢。

(四)农产品监控策略

第一,商家入驻监管机制。"农产品社区"应针对商家制定严格的准入机制。首先通过当地各区镇政府部门的协助,推荐所在区域的特色农产品企业、供销合作社及典型特色农产品生产农户,这能在一定程度上保证商家的品质。在与商家洽谈时,必须审阅相应的农产品种植和生产资质证明、经营许可证明等文件,如无公害食品行业标准、绿色食品行业标准所认定的环境标准、产品质量标准、农药化肥合理使用标准、转基因生物安全标准等,通过优中选优的方式为终端用户精选合作商户。

第二,产品质量安全检测机制。对商家的农产品进行定期抽检。"农产品社区"通过委托专业的检测机构对合作商家所生产的农产品进行不定期抽查,包括对农产品的种植生产环境、农药肥料使用情况、产品质量等进行全面检测,从而保证合作商家的农产品品质。

第三,用户体验反馈监管机制。社群用户对所购买的农产品最有发言权。通过构建社群激励机制鼓励用户对所购买的农产品发布评价信息,在社群中晒图并写点评,这是从售后反馈视角对合作商户产品质量进行监控的一种重要手段。

三、农产品社群营销的实施

第一,社群(社区)创建与招募服务。借助社交平台(微信、QQ等)建立"农产品社区",并由社群发起人负责招募社区成员;平台建立社群会员管理机制,帮助各社区规范管理群内用户行为。

第二,提供个性定制服务。借助社群意见领袖(发起人)向群内每2周征集1次农产品需求,当群内用户达到一定数量后,由各社群为单位向商家集中采购,从而实现基于信任的群体个性定制,将碎片化的产销双方有效对接,实现集中采购与集中配送,有效降低用户购买成本,并增加双边用户的黏性。

第三,特色农产品在线交易服务。"农产品社区"提供信息发布、产品展示、在线交易、支付结算、售后服务、担保授信等全流程电子商务管理,实现农产品的在线交易。

第四,建立农产品安全监控机制。"农产品社区"构建针对商家的全程监管机制,有效保证农产品的绿色、安全、可追溯。"农产品社区"通过当地政府部门的推荐、考察严格把关合作商家的准入门槛,从农产品的背景故事、种植基地等方面进行严格筛选;定期抽检合作商家的农产品质量;通过用户购买、物流评价、体验反馈等方式,从舆论和口碑方面监管农产品质量。

第五,支持区域特色农产品品牌打造服务。"农产品社区"集聚了产品包装、品牌设计、软件服务等服务商,通过平台的信息发布、广告宣传、社群口碑推广,打造区域特色农产品品牌,树立区域特色农产品良好的商业形象。

第六,提供农产品产销大数据等增值服务。"农产品社区"通过为合作商家提供消费者行为数据、竞争者数据分析等增值服务,协调农产品的生产与采购,满足订单农业、个性定制的需求,为实现农业精准生产与农村网络服务水平的提升奠定基础。

第五章 农产品网络营销的创新途径——直播营销

第一节 网络直播与网络直播营销

如今,网络直播开始渗透到生活的各个层面,随着网络直播的兴起与发展,网络直播营销也逐渐成为数字时代一个重要的、不可忽视的营销传播形态和营销方法。

一、网络直播

(一)网络直播的界定

国内关于"网络直播"的概念大致分为两类:一类是网络电视直播,它通常指的是通过互联网进行的电视节目直播;另一类是人们所熟知的网络直播,即利用互联网流媒体技术,将实时发生的事情,综合音视频、图像、文字等元素,同步展现给受众,并且能够进行双向实时互动的信息传播方式。本书所涉及的网络直播主要指后者。

网络直播是一种新兴的网络社交方式,它可以在同一时间通过网络系统,使用户能够在同一个平台上观看视频信息。与传统媒体的直播单向传播相比,网络直播具有实时互动的特点,这就使其不仅具有内容传播的功能,并且具有社交属性。

近年来,移动网络技术飞速进步,为网络直播的发展提供了坚实的基础,使得网络直播不仅更容易实现,而且逐渐呈现出多元化、移动化的特点,进一步强化了网络直播的互动性,社交功能得到了更充分的发挥。

网络直播打破了传统直播烦琐流程的限制,如今用户只需要一部手机即可开启网络直播,而观看者只需要一个平板电脑或者一部智能手机,便可以在路上、家里、咖啡厅、地铁等任何场所进行观看。网络直播为年轻用户提供了自我表现的舞台,也最大程度满足了用户碎片化的使用习惯。

(二) 网络直播的特征

1. 实时性特征

实时性是网络直播最重要的特征。网络直播是实时在线连接,所以实时是最为关键的。网络直播在时间、空间上都拉近了直播方与观众之间的距离,不同于传统媒体靶向式的单向传播,网络直播的各个环节都能让用户产生身临其境之感,从而激发用户更为强烈的参与感。网络直播打破了时间的局限性,用户可以随时接收与获取内容信息,同时也能够获得即时反馈。因为网络直播的实时性特点,所以其表现形式具有很强的不确定性且更为丰富,能够有效激发用户的好奇心。

2. 真实性特征

相比早期互联网时代的文字、图片、社交网络等发展形态,网络直播更加真实。在网络直播中,主播的一举一动都能通过语音、图像被观看者立体感知。与早期的论坛、博客以及后来的 QQ、微博不同的是,网络直播可以匿名聊天、私密交谈。这是互联网成熟发展阶段对真实性的重新呼唤。网络直播的内容通常是实时的,不允许传统意义上的后期处理或编辑,观众看到的就是直播者最真实的样子。

3. 互动性特征

网络直播实时的互动性是其社交属性的重要体现。"弹幕"的存在,使得直播中实时的、高频的、多方位的互动得以实现。主播可以通过弹幕决定话题、内容的走向,保持用户的紧密跟随黏性,用户也能够跨过主播这一"中心",进行即时的讨论,形成"粉丝社群"。这种在空间、时间真正意义上的即时互动性,保证了主播的直播反馈。

4. 碎片化特征

移动互联时代,用户的时间越来越碎片化。用户往往基于自身即时性的需求(如娱乐、生活等)来观看网络直播。他们现在使用媒体的自主权极高,因此,移动网络直播环境下,碎片化的特征十分鲜明。

5. 场景化特征

移动传播基于场景服务,是对场景的感知及信息的适配。相比 PC 时代的网络传播,移动网络直播能带给用户独特的体验。移动网络直播的内容非常碎片化、生活化,它融合了社交、娱乐等诸多需求要素,其空间位置更为随性和个性化。移动网络直播打破了社会空间的隔阂,实现了多元场景要素的聚合。移动网络直播能使用户在观看直播的同时,体验到视觉上的空间场景、听觉上的"即时在场"感,以及参与到由大量用户评论构成的"群体讨论"中。移动网络直播连接了现实与虚拟,将抽象、不可触及的虚拟时空转变成了用户能够感知存在的现实时空,营造了一个足够场景化且能够沉浸式体验的氛围。

(三)网络直播的发展

2016年被称为"中国网络直播元年",这预示着网络直播的发展开始登上一个顶峰,但并不意味着网络直播从2016年才真正开始。

1. PC秀场直播

早期的互联网流媒体直播以PC秀场直播为主。2005年,网络视频网站开始抢占流量市场,进行秀场直播,即以网站直播客户端为载体进行的直播。PC秀场直播的内容主要是网站签约主播在特定的秀场直播间进行才艺展示。主播的高颜值、出色的技艺是吸引用户观看的主要原因。当时,PC秀场直播市场的绝大多数份额被YY直播、9158及六间房占据。

YY语音最初是一款即时语音通信软件,从2005年开始,YY开始进军网络直播领域,以游戏、主播个人秀的娱乐内容为主,并涉及体育、旅游等多方面内容。此外,YY还开创了一个后来被诸多同行效仿,并维持至今的运营模式——"公会"模式。

9158是国内由视频社交网站发展成为网络直播的网站之一。作为同时期的YY直播的对手,9158打造了许多草根明星、平民偶像。9158最主要的业务是秀场直播,具有私聊、全屏互动、赠送礼物等功能,为后来的网络直播进行了诸多尝试与探索。

相较于YY直播与9158,六间房于2010年才开始主播签约,开启PC秀场直播。尽管比前两者略晚,但其运营模式成熟,直播效果较好,因此在网络直播初期能够与YY、9158不相上下。

2. 游戏直播

与早期依靠新奇的内容与高颜值的主播来吸引用户不同,游戏直播的出现真正打破了网络直播原有的发展模式。它将直播与各个领域相结合,对用户开始进行市场细分。游戏直播从内容上可以分为以下三种。

① 专业比赛直播:主要围绕各种热门或者用户喜爱的游戏比赛展开。

② 游戏解说直播:主要由主播对市场热度较高的游戏进行点评分析。

③ 个人直播:主要是主播直播自己或者他人打游戏的实时过程。

以上三种内容直播有共同的特点：一是主播在网络直播时能够与观看的用户进行互动，而用户在主播进行直播时，能够发送弹幕，主播也可以通过这些弹幕与观看的用户进行即时交流；二是由于游戏直播具有极强的观赏性，吸引了大批黏性极高的游戏爱好者。鉴于电竞比赛的特殊性，游戏直播的发展仍有很大潜力。

在游戏直播阶段，发展较为成熟的均是用户耳熟能详的直播平台，主要的游戏直播平台有斗鱼、虎牙、战旗和龙珠等。

3. 泛娱乐类移动直播

随着智能手机的全面普及，以及各类移动直播 App 的出现，泛娱乐类移动直播（也称泛生活类移动直播）进入井喷式发展阶段。

泛娱乐类移动直播，无论是从内容、载体，还是从直播的体验上都有了很大变化。由于泛娱乐类移动直播的内容广泛，所以不同细分领域的移动直播都能够满足各自领域的用户需要。而且，泛娱乐类移动直播的内容较为碎片化、生活化、场景化，直播的内容对用户而言，与其说是观看，不如说是陪伴、分享。并且网络直播的门槛极低，UGC 内容大量出现，能够真正给用户带来共鸣，满足用户情感上的社交需求，因此泛娱乐类移动直播 App，如抖音、快手等，才能够在短短几年时间内成为市场主流。

（四）网络直播的平台

1. 网络直播平台的分类

网络直播平台是通过网络进行在线即时内容直播的第三方传播渠道，是一种不同于大众传播时代的社交媒体。直播平台的种类有很多，可以将它们分为以下四类。

（1）版权内容直播平台

版权内容直播属于比较传统的直播类型，主要包含活动直播和自制节目直播等。版权内容直播通常是通过和第三方直播平台进行合作，利用互联网渠道进行传播；也可以是通过卫星电视直播的节目，选择网络直播平台增加观众的收看渠道。

（2）垂直直播平台

垂直直播是指将直播作为一种传播手段的方式，通过与其他行业的垂直深度合作，达到 1+1＞2 的效果。有些行业通过直播平台弥补行业短板，提高收益。例如，电商行业与直播行业结合，通过对产品进行直播带货或直播代购过程，增加产品的真实性和可信度，弥补了电商行业的缺陷。传统的教育行业通过与直播行业合作,开创了在线课堂,实现了教育资源的合理配置,让优秀教育资源稀缺地区的孩子们也能够通过直播平台观看优秀教师的课堂教学。有些行业通过直播平台扩展消费者的信息获取渠道,增强消费者的品牌忠诚度。

垂直直播平台专注于特定的领域,并且完全由专业人士或者职业从事人员进行相关内容的直播,是电视直播的升级版。这类直播平台在电视直播基础之上加入了互动交流的信息交互渠道,主要针对重要议程、大型活动、突发事件等进行直播。例如,以体育赛事为主的"腾讯体育",以突发事件、国家议事为主的"中央电视台网络新闻"等。这类直播平台追求客观真实,其直播方式也较为正式、严肃。

(3) 游戏直播平台

游戏直播是比较早的网络直播形式,但一路发展向好,处在投资风口。目前的游戏直播类型主要包含网络游戏操作说明的直播和电子竞技游戏比赛的直播。国内以游戏直播为主的直播平台有斗鱼、龙珠、虎牙、战旗等。由于电子竞技游戏比赛需要参与人员在线保持对话和交流,直播的形式弥补了早期文字和语音通话的不便,更有代入感和参与感,因而直播平台在游戏领域的市场前景广阔。

在所有类型的直播平台中,游戏直播平台是用户黏性最高、市场最大的网络直播平台。随着电子竞技类游戏的迅猛发展,游戏内容也朝着多元化不断扩展,游戏直播具有极为强烈的可观赏性。游戏直播平台,一般是具有特定技能或特点的玩家(或技术高超,或幽默风趣等)直播第一视角的游戏操作,以获得忠诚粉丝、游戏黏性用户的支持。并且,游戏直播平台还经常直播热门游戏的大型比赛,由专业人员(PGC)进行解说分析。以游戏直播起家的网络直播平台如今许多已成为行业翘楚,如国外的 Twitch、国内的斗鱼 TV 等。

(4) 泛娱乐直播平台

泛娱乐直播平台是包罗万象的直播平台,诸如明星直播、户外直播、熟人社交直播、个人生活直播等都属于泛娱乐直播的范畴。此类直播与主播的特征高度相关,直播内容主要取决于主播和观众的交流互动,带有比较强烈的个人色彩和社交属性。总之,现阶段的直播平台上的内容可以包含人们日常生活的方方面面,直播平台作为互联网时代的新型传播方式,既可以帮助明星进行宣传,也可以让普通人一夜爆红。

泛娱乐类直播平台,主要是以用户个人(UGC)模式为主,通过传播泛娱乐类(也称泛生活类)内容,提供与主播进行实时互动功能的平台。泛娱乐类直播平台的入门门槛较低,全民参与直播是这类平台的核心理念,直播内容涉及游戏、美食、体育、影视、个人才艺秀等生活的方方面面。这类平台直播的内容较为碎片化,能够即开即看,完全符合移动时代的用户习惯。如今大多数直播平台为了更好地符合市场化需要,也基本在向泛娱乐类直播平台发展,例如,以短视频生产为主的抖音、快手、西瓜等。

2. 网络直播平台的内容生产主体

(1) 个人主播

在网络直播平台的内容生产主体中,规模最为庞大的便是个人主播。在平台上,用户只需要满足直播需求的硬件条件与网络条件,经过平台注册,在实名认证之后便可以成为个人主播。随着互联网技术的支持与移动设备的普及,主播的门槛已经变得相当低。

网络直播平台的各主播均是进行自由式探索,按照观众所需进行内容的选择与直播。并且,大多数个人主播在主播与平台用户身份之间来回转换,拥有传者、受者的双重身份,十分了解用户最为实际的需要。

一般而言,个人主播分为两类:一类是将直播作为消遣或者分享的业余主播,这类主播在内容生产方面具有更强的主观性、随意性,直播的场景源于个人生活;另一类则是将直播作为主要职业,与平台或包装公司进行签约的职业主播,这类主播在外貌、技艺素养上较为突出,拥有较为稳定的粉丝群体。

随着网络直播的不断发展,平台会与脱颖而出的优质主播进行酬劳、待遇、直播时间等款项的签约,以此保证平台用户黏性,最大化深挖用户价值,所以如今的个人主播基本处于这两类之间,没有很明显的区分度。

(2) 平台

根据用户自主生产的内容,网络直播平台会结合当下热点,自制能够抓住用户眼球的内容节目。平台自制的内容直播节目借鉴了传统电视综艺表现手法,并且在内容呈现与互动交流的形式上更加贴近用户,弹幕与主播的即时互动能够将综艺性、娱乐性发挥到极致,增强平台的用户黏性。

(3) 活动主办方

在直播平台上,观看用户最多且最为吸引网络直播用户的是电子竞技类赛事直播。这些赛事通常是时下火爆的游戏,拥有最为忠诚的用户,并且赛事活动数量繁多。但是,由于这些赛事活动通常只能在线下进行,所以能够进行弹幕互动的网络直播便成为最重要的传播途径。

一般而言,能够成为赛事活动主办方的都是具有相当财力与能力的公司机构,其直播的专业程度不言而喻。活动主办方既是赛事承办者,也是网络直播内容的生产者,在视觉效果的表现方面更加有优势。并且,赛事主办方拥有直播版权,所以往往会吸引各大直播平台竞相购买。

3. 网络直播平台的内容生产模式

(1) UGC 内容生产模式

UGC 即指用户生产内容。对于网络直播平台而言,UGC 模式是网络直播市场能够发展到如此火爆程度最为重要、最为基本的模式。网络直播平台这个开放的环境,使平台的用户具有不同年龄、不同职业、不同兴趣等个人特征,并且这些用户既可以是平台直播内容的生产者,也可以是直播内容的观看者。所以,他们更能了解平台用户想观看什么类型的直播,直播的内容也更为多种多样,能够满足各种不同的需求。但是,由于直播的门槛较低,主播群体的数量较大,素质也参差不齐,因此 UGC 模式中存在直播内容同质化、低俗化,甚至违法等问题。

(2) PGC/OGC 内容生产模式

PGC/OGC 即专业/职业生产内容。随着行业的不断发展,整体内容生产环境的改变使得相关层面的管制及行业规范变得更为完善,在各网络直播平台寻求行业差异化发展的过程中,网络直播平台生产模式早已摆脱了单一的 UGC 模式,向专业的 PGC/OGC 模式进行探索与拓展。直播平台通过自制节目或者与其他媒体合作,能够保证内容的专业程度,并且平台用户也可以通过弹幕实时互动参与其中。PGC/OGC 实质是由 UGC 模式演化而来的,能够极大弥补单一 UGC 模式的缺陷。

(3) AGC 内容生产模式

AGC 即算法生成内容,确切来讲,应该是算法整合并生产内容,指运用系统化的策略机制生成用户所需内容。在用户熟知的领域里,主要以社交网络数据为基础,进行用户数据的挖掘分析,再通过"推荐",给用户提供他们感兴趣的内容,如今日头条的新闻推荐、抖音的短视频推荐等。

AGC 模式主要根据用户偏好、观看时间等信息来判断内容的重要程度与传播价值。与前两种模式相比,AGC 模式作为网络直播的内容生成模式,其应用随着算法推送等技术的发展而不断扩展。该模式运用于基于智能机顶盒的网络电视直播中,利用算法生成虚拟频道,个性化整合生成符合用户需求的直播内容。抖音平台的直播也开始利用其擅长的算法为不同爱好的用户推送不同的直播内容,甚至将相同标签的内容整合到一个官方直播间进行实时播放,以减少用户的选择成本与时间成本。

4. 网络直播平台的盈利模式

(1) 用户打赏

如今,网络直播平台最为重要的盈利模式之一便是用户打赏。网络直播平台推出各种虚拟道具,如斗鱼直播的火箭、映客直播的豪华游艇等。用户首先通过绑定支付宝、微信等进行充值购买,然后对支持的主播进行打赏。主播与平台之间根据签约的分成比例获得各自的收益。由于大多数用户黏性较高,加上特定的冲动消费心理,用户打赏的盈利模式在整个平台与主播获利份额之中,占比始终居高不下。

(2) 页面广告

由于网络直播平台具有传统媒体渠道无可比拟的用户流量,并且更具时效性,广告效果更为直接,因此,网络直播平台已经成为广告商的必争之地。除了通过CPM等主流方式进行广告售卖之外,许多直播平台也在积极挖掘新的广告创收模式。例如,斗鱼直播平台会在大多数热门游戏直播间页面的空白处或视频下方植入横幅广告、专题页面等。

(3) 内容付费

内容付费也是部分网络直播平台常见的盈利模式。这些平台直播内容一般较为正式,如体育直播等,并且付费用户能够享受一些特殊道具(如喊话喇叭)。愿意为内容付费的付费用户的黏性较高,并且对该直播内容情有独钟。

(4) 其他模式

除上述盈利模式外,网络直播平台还有其他的盈利模式,如页游分成、用户的导流、人气商品的跨界联动等。

无论是何种模式,优质的网络直播内容才是最为根本的保障,这些或明显或隐蔽的盈利模式,都是优质主播人气变现的结果。

二、网络直播营销

网络直播营销是随着网络直播的兴起而出现的一种新的营销传播形态和营销方式。它是指在现场随着事件的发生、发展进程同时制作和播出节目的营销方式。该营销活动以直播平台为载体,进行网络直播营销,将营销、品牌、用户和社会连贯起来,成为许多企业做营销时的优先选择。网络直播营销具有突出的优点和鲜明的特点,需要注重直播内容的安排和直播互动环节的设计。

"电商+直播"已经成为当前直播营销的重要形式之一。

随着移动互联网与智能手机的普及,人们能够以较低的流量资费来观看视频,越来越多的用户习惯并愿意通过手机来浏览各种信息。由于视频比图文具有更加直观的场景表现力,直播这种新兴的营销方式被各大企业广泛关注,因此,快速涌现出了一批直播平台。企业通过这些直播平台可以更加立体化地展示企业文化,传递品牌信息,开展各种营销活动,并与消费者展开更加直观的互动。

电视或广播等传统媒体平台的现场直播是最早的直播形式,如体育比赛直播、新闻直播等。随着移动互联网和智能手机的快速发展,网络直播、互联网直播等新兴的直播方式开始兴起。这些新兴的直播方式通过在互联网设备上安装直播软件来进行直播,以达到展示信息的目的。淘宝、蘑菇街、京东等大型电商平台都提供了直播的入口,如淘宝直播、蘑菇街直播、京东直播等。此外,一些专注于直播的平台也可进行直播营销。

目前的网络直播营销默认为基于互联网的直播。从广义上理解,可以将直播营销看作以直播平台为载体进行营销活动,达到提升品牌形象或增加销量目的的一种网络营销方式。与传统媒体直播相比,网络直播营销具有不受媒体平台限制、参与门槛低、直播内容多样化等优势。

网络直播营销包括场景、人物、产品和创意4个要素。场景是指营造直播的气氛,让观众身临其境;人物是指直播的主角,可以是主播或直播嘉宾,以展示内容与观众互动;产品要与直播中的道具或互动有关,以软植入的方式达到营销产品的目的;创意则是提升直播效果、吸引观众观看的方式,如明星访谈、互动提问等形式就比简单的表演直播更加吸引观众。

(一)网络直播营销的特点

网络直播营销基于网络直播现场,用户可以通过网络进行实时的交流和互动。营销者可以第一时间收到用户的即时反馈信息,以扩大影响力或增加销量。网络直播营销不仅能够让营销主体尽可能地展示自己的商品信息或者品牌形象,而且能够让用户了解什么时候使用,如何使用,使用后会发生什么等一系列需要亲身购买之后才能体会到的信息,更具说服力。

在网络直播平台上,主播能在短时间内吸引大量注意力,能够将品牌塑造、用户聚集、营销传播、社区互动和交易变现这些营销因素和谐、顺畅地贯穿起来,这是以往所有平台都不能实现的。例如,某产品通过直播平台进行新品发布,观众可以通过直播内容直接了解产品信息,及时与主播互动沟通,并通过链接直接购买。这种方便快捷的传播、互动、消费一体化的模式促使网络直播营销成为新的、炙手可热的营销风口。

网络直播营销作为一种新的营销传播形态具有如下特点。

第一,重主播。在网络直播营销过程中,选择自带流量的"意见领袖"级别的主播,比如娱乐圈明星、大企业家、网红等,是快速聚集受众、短时间内吸引注意力的最有效的方法。值得注意的是,虽然在互联网时代,经济生产丰富,消费者注意力稀缺,但是选择正确和合适的意见领袖仍然是快速吸引注意力的法宝,其效果不容忽视。

第二,重内容。网络直播营销的内容是营销成功的关键。直播营销时代的营销内容需要反应快、特点鲜明。例如,针对那些不适合利用明星、网红进行宣传的产品,可以通过接地气、幽默或原创的方式对品牌文化进行解读,从而达到转化变现的目的。

第三,重互动。传统的营销方式中几乎没有和受众的即时沟通,整个营销传播过程都是从生产商到消费者的单向传播。在网络直播营销时代,即时交流与反馈是网络直播平台的最大特点。让用户在直播过程中直接生成内容,可以提高用户的参与度,通过一种人性化的方式将信息传播方和接收方联系在一起,增强营销内容和过程的接受度。

第四,重场景。直播营销中的场景指的是在进行直播营销时,将直播的时间、地点、环境等因素考虑到营销过程中来,实现双向沟通、即时反馈,全方位满足消费者的个性化需求。网络直播能够深入各种生活、工作的场景之中,如上下班通勤的地铁公交里,休闲小憩的街角咖啡厅里,伴着声音进行家务劳作的场景中。这些场景都可以使消费者沉浸其中,激发强烈的消费欲望,进而产生消费动机,以此满足消费者的个性化需要。用户的消费欲望需要一定的场景刺激才能够有效诱发。通过将直播与这些场景联系在一起,可以更有效地推动消费者的购买行为。

一般来说,明星的家、新品发布会后台、某景点等比较接地气的直播环境往往能迅速拉近与观众的距离。此外,与传统媒体不一样的视角也是直播营销可以选择的重要场景。

(二)网络直播营销的优势

在互联网技术的发展背景下,电子商务正在一点点改变着人们的消费观念,网上直播已经成为众多商家进行市场营销、品牌推广的主要手段。在互联网环境下,网络直播营销通过更低的营销成本、更广的营销覆盖面、更直接的营销效果、更有效的营销反馈来达到更佳的直播营销目标。

1. 营销成本更低

网络直播营销的直播设备简单,直播场景可由企业自己构建,是目前成本较低的一种营销方式。特别是对于个人电商来说,可以仅靠一部手机就完成一次直播营销。相比之下,传统营销的渠道主要有电视、广播、楼宇、展位等,营销投放成本从几万元到上百万元不等,这对于资产并不雄厚的中小企业来说,几乎无法参与竞争。

2. 营销覆盖面更广

在一般的营销方式下,观众在查看信息时,需要在脑海中自行构建场景,而直播营销则能直接展示产品的形态和使用过程给观众,使他们仿佛置身于营销的场景之中,从而实现对用户认知的全方位覆盖。

3. 营销效果更加直接

不管是哪种营销方式,都是为了获得更好的营销效果。通过直播营销,主播能够直观地传递各种优惠信息,同时现场开展促销活动,这极大地激发了观众的消费热情,从而提升了营销的效果。

4. 营销反馈更加有效

直播营销的双向互动模式非常有力,主播在直播过程中可以实时接收观众的反馈信息,如弹幕和评论等。这些反馈中不仅包含产品信息的评价,还涉及观众的现场互动表现,为企业未来直播营销的改进提供了宝贵的参考。在这个过程中,企业应不断优化产品和营销策略,对产品进行升级和改进,以实现营销效果的最大化。

(三)网络直播营销的方式

作为一种实时传播形式和一体化的生产、传播、互动、交易平台,网络直播营销具有自身的优势,从而产生了"网络直播+"效应,并形成了网络直播营销的典型方式。

1. "网络直播+电商"

在网络直播营销中,直播电商最为典型。在全民化的直播平台诞生之前,电商主要通过微博和微信进行宣传,并通过淘宝、京东等电商平台实现转化。"网络直播+电商"的模式出现后,电商可以直接在直播平台上进行宣传和实现销售,减少了转化环节,直接创造价值。

直播电商的合作方式可以分为三种。①传统的大电商平台采用革新办法,即在电商平台上直接添加直播功能,如淘宝电商直播和天猫电商直播。淘宝、天猫每年的"双十一购物狂欢节"中,网络直播的可视性与弹幕交流的即时互动性使"网络直播+电商"的特点发挥到极致。加上直播中的人气嘉宾和相关代言的产品,其品牌形象会更加深入人心,从而促使更多的订单转化。②直播平台与电商平台合作,直播平台为电商平台提供流量和精准广告,电商平台为直播平台创造利益,如快手电商直播。③基于直播和电商功能的新型运营平台。如波罗蜜和小红唇专注于海外购物实时场景,通过实时沟通促进海淘消费。

此外,"网络直播+电商"的营销模式也衍生出了"网络直播+跨境电商"、"网络直播+明星带货"和"网络直播+网红+电商"的模式。网络直播营销的核心是粉丝经济,明星们一般拥有较高的知名度,并且粉丝群体较为庞大。作为传统媒体时代明星代言的升级版,网络直播的实时性、互动性、无时空限制以及内容形式自由随性等特点,使得明星直播营销的内容更倾向于生活化的细节直播,这较好地刺激了粉丝的好奇心,提高了粉丝的黏性,并自然而然地达到了营销目的。网络直播的网红们通常拥有特定的粉丝群体,虽然整体数量可能不及明星的粉丝群体,但这些粉丝往往具有特定的兴趣爱好,社群内部凝聚力强,其粉丝黏性同样不可小觑。与明星相比,通过网红进行人气变现的成本收益比可能更为可观。

2."网络直播+品牌"

早期的直播平台主要被视为一种实时的互动方式、社交方式和娱乐方式,随着智能手机的普及和移动互联网的发展,越来越多的民众参与到视频和直播的传播中,品牌传播也开始从微博、微信等新媒体平台转移到直播平台上。在各种信息传播渠道和多屏传播的冲击下,企业在塑造和维护品牌形象时必须构建全方位的立体传播策略。例如,万达集团通过与花椒直播平台的合作,使直播内容涵盖了同期发布会现场的后台、职工宿舍、员工食堂等,与其他平台互为补充,全方位展现万达集团的文化。时尚芭莎集团联合直播平台推出"画出生命线"公益活动,并通过该平台全程直播了慈善芭莎夜的现场活动及后台情况。小米手机通过花椒直播平台进行营销和产品发布会直播,吸引了大量米粉。值得注意的是,直播平台与企业品牌宣传的结合确实起到了爆发式宣传的效果,但它并不能完全取代其他传播手段,而是作为一种补充手段,立体地展现品牌形象,增强用户黏性。

3. "网络直播＋传统行业"

传统行业与网络直播进行合作的模式主要是为了帮助传统行业突破瓶颈，增加传统行业的流量。截至目前，传统行业与直播融合并取得成效的领域包括"网络直播＋教育""网络直播＋旅游""网络直播＋美食"等。传统教育行业与直播的结合解决了传统教育行业资源分布不均的问题，并摆脱了在线教育行业初期因技术限制而难以实现大规模同步课堂的困境。此外，直播平台的移动化特点与旅游类节目非常契合，通过直播平台宣传旅游景色，挖掘潜在用户，往往能取得事半功倍的效果。

"网络直播＋美食"的结合利用了直播平台的真实性特点，消除了消费者与美食行业之间的信息不对称，从而增强了消费者的信任感。总之，直播平台以其真实的内容、广泛的受众基础、社会化传播能力以及身临其境的体验，弥补了传统行业的不足，消除了消费者的疑虑，有效促进了消费者购买。

4. "网络直播＋跨界"

网络直播营销是直播平台与各种传统产业或互联网产业的结合，是通过社交平台或其他平台进行营销传播的一种营销手段。因此，不同的产业都可以参与其中，不同的媒介渠道也可以与直播渠道形成优势互补的多赢局面。"网络直播＋跨界"体现了网络直播营销的包容性。

（四）网络直播营销的策略

由于网络直播用户的隐匿性，用户无须考虑自己的职业、收入、学历等。网络直播在现实空间与网络虚拟空间的共同作用下，营造出舒适的愉悦的场景。用户进入舒适区后，消费（冲动型、理智型、奖励型、跟风型）也就自然发生了。

1. 关注用户需要的互动营销策略

在内容上，网络直播营销可以根据用户需求进行直播内容的选择，并且可视性强，能吸引用户的注意力。网络直播能够与用户进行深入互动，直播中"弹幕"功能使用户与营销者能够平等地进行实时双向沟通，从而增强用户黏性。由于网络直播具有互动性和真实性等特点，因此能够有效吸引用户的注意力，深入了解用户需求，消除消费者的不确定性或担忧心理，其强烈的现场感更容易获得消费者的信任。

网络为营销者和消费者提供了良好的互动平台，网络直播为互动营销带来了巨大的用户流量，互动营销策略在网络直播营销过程中充分重视并尊重消费者的意见和建议，改变了传统营销时代用户被动的地位，从而更好地实现营销目标。

2. 细分用户市场的精准营销策略

由于网络直播的海量内容，涉及的用户情感触点颇多，因此忠实于某一类网络直播的用户自然地完成了用户的细分，并且用户黏性强。

网络直播平台不仅是信息内容的传播渠道，也是一个即时反馈的信息平台。营销者能够更直接、更全面地收集用户数据，从而合理规划营销流程中的细节服务，实现个性化和精准营销。

通过知名主播等进行网络直播营销，可以根据各个直播房间的特点以及用户群体的共同特征来进行直播营销的运营筹划，增强用户体验，提高用户的品牌忠诚度。

3. 线上线下一体化的整合营销策略

网络直播打破了时空的壁垒，使营销信息能够迅速扩散，并通过实时互动和反馈加深了品牌与用户的双向交流。同时，网络直播的广泛性、即时性、精准性也可以服务于线上、线下各种需求定位的用户群体，通过个性化内容和互动，增强用户黏性，完成营销。对于网络直播营销而言，它是一种多渠道的、多形式的整合营销方式。其营销策略需要围绕品牌形象，设计一系列连贯的活动，并在不同营销活动中保持品牌信息的一致性。需要综合考虑营销信息的生产和传播，并与平台用户保持良好的双向沟通。

整合营销传播是通过社群、口碑、互动、病毒式营销等多种策略的有机结合，以用户需求为核心，通过网络直播创造沉浸式的购物体验。通过直播销售提升转化率，并利用线上线下数据反馈，可以不断优化营销策略，形成线上线下相互反馈补充的营销闭环。

第二节 农产品网络直播的功能与意义

一、农产品网络直播的功能

媒介技术的发展推动了互动方式的创新和变革，不同媒介之间存在着互补关系，而媒介的发展也越来越人性化。商品销售经历了从电视广告、互联网平台到近年来兴起的新媒体直播平台的演变。虽然呈现方式大多是"声音＋画面"的基本形式，但是新媒介在某些方面对传统媒介进行了补充和改进。不仅仅是媒介之间的补足关系,新的媒介中也存在着其他的补偿性作用。在新媒体时代,网络传播改变了传统大众传播模式的单向性,促进了社会交往行为的多样化和个性化,并逐步走向线上。

(一) 外部功能补偿

在媒介进化的过程中,总会不断进化出新的媒介来弥补旧媒介的不足。喻国明教授在他的文章中写道,当下的网络直播打破了时空关系的身体呈现,是对身体的媒介化补偿。当前,农产品通过直播带货的方式越来越受欢迎,这种方式对传统消费模式进行了补充,提供了新的购物体验。

1. 空间补偿:对购物固定场所的补偿

移动性是农产品直播带货对其他购物方式固定场所限制的补偿。最早的时候,人们购买农产品,只能在线下进行活动,需要去超市或者市场实地购物。随着发展,电视购物兴起,人们在电视上可以通过电话订购等方式购买商品,但是电视购物的地点限制仍然存在,因为电视不能随身携带。

现如今,随着智能手机的普及和互联网技术的发展,购物方式经历了深刻的变革。直播带货的兴起为消费者购买农产品提供了更大的便捷性。通过手机,受众可以在任何地方观看不同媒介平台上的直播带货,可以是上下班的路上,也可以是在旅行的途中。直播带货消除了对购物场所的固定要求,充分保障了人们的移动自由,手机就是连接卖方与买方的桥梁。

农产品直播对空间的补偿还体现在对农产品种类地域限制的补偿。当人们去线下购买农产品时,消费者只能买到本地的新鲜的蔬菜和水果。即使是外地特产,价格也往往较高。而农产品直播带货打破了这一限制,使得消费者可以通过直播间直接线上购买各种产地直发的特色农产品,并且取消了各种中间商,通常能提供更具竞争力的价格。

2. 时间补偿:对购物时间有限的补偿

当人们线下购物的时候,必须注意超市和市场的营业时间,个人无法自由选择购物时间。电视购物虽然提供了一定的便利,但观众只能在电视节目安排的固定时间接收信息。

在生活节奏越来越快的新时代,人们的生活方式也相应地发生了变化。很多时候,现代人尤其是在城市生活的人们,很难拥有大块的连续时间,而是拥有许多零散的碎片化时间。生活节奏的加快使得人们很难有专门的时间去逛街购物,直播带货的出现正好满足了现代人在碎片化时间内的购物需求。

为了尽可能在有限的时间内获取想要的信息和购买想要的东西,微博、抖音、淘宝等直播平台成了现代人必备的购物渠道。任何时间,只要通过手机打开直播间,就可以观看直播带货。网民可以通过直播预告了解即将售卖的商品,错过直播的观众可以通过回放观看错过的内容,从而在碎片化时间内获取所需信息。

3. 时效补偿:对产品新鲜程度欠缺的补偿

农产品与其他商品的主要区别在于其对新鲜度和保质期的高要求。人们去菜市场会挑选新鲜的瓜果蔬菜,超市中未售出的农产品可能会因腐烂变质而被丢弃,导致资源浪费。直播带货模式为农产品销售带来了多方面的优势。

直播带货模式催生了传统农业的转型升级,创新了农产品的流通、储存方式。农产品在直播带货时,只需要一个用来展示介绍的农产品样品,消费者就可以通过点击下方的购物链接一键购买。后台记录下交易信息后,农产品就可以通过物流直接配送到消费者手中。农户根据订单量现采现摘,然后统一打包发货,即买即发,不会造成农产品囤积。产地直供、线上直销,最大限度地保存了农产品的新鲜度,为消费者提供优质农产品。

人们可以通过直播购买到第一波成熟的丹东大草莓,也可以在西瓜成熟时第一时间品尝。这种电商销售的新模式,在小农户与上亿互联网用户之间,架起了直接沟通的桥梁,农户们足不出户,就可以通过互联网销售自家的农产品。另外,直播带货有效缓解了因市场供需信息不对称造成的特色农产品供应不足和资源浪费问题。

4. 容量补偿:对商品库存不足的补偿

农产品直播带货不仅解决了农产品积压的问题,还使得销售商对库存有了清晰的把握。因为农产品保质期短,线下售卖农产品的超市或者市场,在对供需不能精准把握的情况下,对于农产品的囤积都是有限的,不可能大量囤货。所以我们经常能看到这样的场景,为了抢购新鲜的农产品,很多人一大早就去菜市场或超市排队购物。

但在农产品直播带货的直播间里,向观众展示只需要一个样品,消费者下单订购后,农产品可以根据订单量从产地直接通过物流发出,既保证了质量,消费者也不用担心商品库存。可以说,只要农产品产地还在,就可以持续供应。

(二) 内部发展补偿

虽然如今电视购物与互联网线上的购物方式逐渐成熟,拥有了一套完整的反馈与互动流程,但由于互动缺乏即时性以及传播单向性的限制,消费者只能通过电话咨询、留言评论等形式进行互动。另外,消费者对商品的了解也完全停留在图片层面,购买过程很少能体验到参与感,所以直播带货凭借其独特的优点,迅速满足了消费者的这些需求。

1. 弹幕:对与其他受众交流限制的补偿

在新媒体平台上兴起的直播带货表现形式就具有非常明显的即时互动特点,促进了单向传播向多向传播的转变,满足了传播过程中大众沟通交流的诉求,实现了人与媒介、其他受众以及传播者之间的多元互动。

在直播带货的直播间里,观众可以实时发送弹幕与主播展开互动,询问与商品相关的问题,主播看到后,就可以及时做出回应与解释。更重要的是,直播带货的直播间就相当于一个巨大的聊天室,观众之间可以通过弹幕互相交流,对于商品的任何意见,都可以与其他观众一起讨论,倾听其他人的观点,购物就有了更全面的参考,也完善了整个传播过程。任何人都可以通过直播间与主播或其他观众聊天互动交流,发起或回应话题,彰显了存在感,即时性也极大地提升了在场感。消费者因为媒介而随时可以产生思想碰撞和意见交流。

2. 画面:对商品展示不足的补偿

现如今,依然还是有许多消费者选择线下购物,最大的原因就是能全方位地观察商品,对商品的细节、质量都有更清晰的了解,这种购物方式更有保障。在直播带货的直播间,通过画面展示商品,可以将画面的传播作用发挥到极致。画面作为最重要的视觉要素之一,在直播中具有直观性、纪实性等特点。画面通过屏幕传递给观众,会显得更加真实、细致,更具有冲击力,也能够带给观众更多的信息,因此具有其他购物方式所不具有的优点,是提高传播效果的重要手段。在直播间,主播们可以通过镜头全方位地展示商品,观众有任何要求和疑问时,都可以及时回复。而商品展示得越仔细、越真实,观众的认可度就越高。

对于口红等彩妆产品的销售来说,用户最关注的就是产品的实际效果。通过直播画面将产品直接真实地展示给消费者,把静态的图文载体变成灵动真实的视频画面,可使商品呈现的效果一目了然,大大增强说服力。

除了口红这种彩妆产品之外,在直播带货时,服装等商品也对直播画面效果呈现非常重视。而在农产品直播带货过程中,画面的重要性更是不言而喻。首先,"商品直播"具有很强的实时画面感。将室外果园、种植大棚或者田间地头设置成直播间背景,可以让消费者直观地看到农产品种植情况。通过直播视频实时画面展示的产品相对于静态的图片更加真实,影像带来的体验感和冲击力远远超过图片。并且在直播间内,观众可以通过弹幕与主播实时交流互动,可以更好地了解产品特点,因此购物体验更好,对商品品质的信任度也更高。

比如,直接在种植大棚里边吃边卖,或者在果园中边采摘边直播,突出了产品的新鲜;在农产品发货仓里直播,画面中有工人打包的场景,观众可以看到仓库里的库存情况;还有的农民主播直接在家里边吃边聊边推销,突出了真实。

目前,淘宝、抖音、快手直播带货平台是直播带货的主要阵地。许多农户与网红主播借助直播间打通销售渠道,进行农产品产地直销,取得了良好的效果。

3. 打赏:对心理认同的补偿

打赏是直播中最常见的互动方式之一,它表达了观众对主播的喜爱与支持。购买商品是消费者与商品的交互,表达的是消费者对商品的认同;而打赏是观众与主播之间的交互,表达的是观众对主播的认可。最初,直播功能主要作为网络主播获取收益的一种方式。然而,在当今的直播带货中,打赏功能更多的是反映了受众的动态。观众在观看直播带货并购买商品时,对主播的打赏是对传播者的肯定和反馈。

相比于直播间弹幕留言,打赏是一种单纯的主播与观众之间的信任互动,是对传播内容的肯定与支持,并不会影响观众与主播之间的交流。观看直播时的打赏是相互信任的体现。在社交媒介不断完善的新媒体时代,观众可以通过多种方式表达对传播内容和形式的肯定。观众打赏主播可以激发直播间其他观众的情感反馈。

4. 转发:对分享共同情感的补偿

直播间的互动与传播因其形式和内容感染着观众,使得观众产生认同感并引发转发行为。相对于打赏和弹幕互动,直播间的这种情感分享互动效果更为强烈。在新媒体时代,互联网的开放性和平等性给大众提供了自由选择的空间和权利,大众可以根据自己的喜好浏览任意内容,并选择转发分享。观众进入直播间进行观看时,如果直播内容能引起观众兴趣,他们就会继续观看,或者将直播间分享给他人。

直播间的直播带货为网友相互分享提供了便利,使他们能像网购一样直接将直播间信息通过媒介平台分享给任何朋友,扩大了分享的范围。同时,这能够释放大众情感,维系用户之间的情感交互。直播间内容在受到网友关注并且得到转发之后,会吸引新的观众进入。新的观众进入后,可能会继续分享给其他人,这就形成了互相分享的场景,为直播间带来了流量,一定程度上扩大了直播的传播范围。

二、农产品网络直播的意义

(一)有助于促进农业品牌提档升级

利用直播带货形式促进农产品销售已经成为当前销售的新潮流。在农产品直播销售中,获取经济效益是营销的最终目的。然而,当前农产品销售市场竞争激烈,同一种类的农产品选择众多,品牌成为彼此区分的唯一标志。好的品牌能够带来顾客忠诚度,提升受众黏性,引导消费者重复购买并主动向亲朋好友推介。因此,农产品直播的良性发展可以促使销售者进行品牌培训,努力打造知名品牌,提高商品竞争力。

农产品具有自己的生命周期,消费者喜好也会随着农业经济发展水平的提高以及市场供应情况等发生变化,农产品直播市场的发展动向也显示出受众需求的改变。因此,农产品直播发展也需要不断研究消费者喜好,持续开发出符合市场需求的新产品,农产品直播的规范发展有助于农业品种的优化、品质的提升以及品牌的打造。

(二)有助于推进农村产业融合发展

农产品直播规范发展不仅仅是种植与售卖两个环节的简单连接,在销售的整个过程中,需要有完整的体系流程。从农产品种植、加工,到储存和销售,每个环节均需完善的基础设施作支撑,农产品网络直播可促进农村不断完善基础设施建设,如大型农产品加工基地、完善的仓储设施、冷链储藏设施等基础设施建设。物流也是农产品直播销售中的重要环节,农产品直播带货销售数量的增长对农村物流提出了新的要求。

农产品网络直播有助于推进农村合理布局快递网点,推进快递寄送的综合服务点建设,完善村与市、村与村之间的物流链,推进电子商务进乡村。在农产品直播中,许多"村播"采用现实场景作为直播背景,画面中往往会出现田间地头的真实景色和自然美丽的乡村风光,能吸引直播间的观众前来旅游,这有利于乡村休闲旅游业的发展。因此,农产品直播的发展有助于乡村培育地方特色产业集群,促进家庭作坊、乡村工场的出现,推动小微型企业向大众性产业进化。

(三) 有助于促进农民稳定就业

提高农村农民生活水平一直是国家乡村振兴工作的重要内容,农产品直播的快速发展为乡村民生保障提供了重要途径。

首先,网络直播带货通过直播间直接销售农产品,省去了中间流通环节的成本,对消费者来说可以享受到相对较低的价格,这刺激了购买欲,增加了农民收入。

其次,在给消费者带来福利的同时,为农民提供了一手的产品供需信息,打通了农产品销售渠道,降低了农产品的损耗,维护了农民的利益,为民生保障做出了重要贡献。

最后,农产品直播的发展促使农村相关产业不断完善,农民能够就近就业和创业,帮助贫困人口增加收入。例如,农产品加工生产厂与仓储厂的建设以及物流业的完善,就能有效吸纳农村富余劳动力,使得各类农民稳岗就业落到实处。

通过农产品直播带动旅游业发展,可以吸纳农民直接经营或参与经营乡村民宿、农家乐等特色项目。这不仅培育了生活性服务产业,也有利于农民就业的多元化选择。随着各项扶持政策的实施,外出打工的农民纷纷返乡参与农村产业建设。

(四) 有助于推动乡村文化有序传播

农产品直播带货是一种文化传播途径。在当前新媒体背景下,文化信息的传播不仅限于语言或者文字等传统形式,而是呈现出以新技术为实现手段、多种形式相互融合的多元化传播方式。在农产品直播中,一些具有当地特色的农产品承载着丰富的地域文化内涵,主播的讲述使得观众对产品有了更深入的了解。从这个角度来看,农产品直播带货不仅是一种销售渠道,也是一种文化传播途径。

农产品直播带货的兴起,促使传播领域逐渐形成了一个主体多样、交融复杂的媒体传播生态系统。直播带货作为文化传播的一种途径,在通过网络将农产品销往各地的同时,产地的产品文化也随之传播。乡村文化与民俗文化也随之发扬光大,而农产品附带的文化要素也让产品实现了增值,乡村文化与民俗文化相辅相成、相得益彰。通过乡村场景的直播画面,观众能够了解乡村文化,更能直观感受到国家"三农"建设的重大成果。

第三节 农产品网络直播的发展途径

一、保证农产品品质,加强行业监管

农产品直播带货的最大特点是实现产地直销,将产地的农产品安全送到消费者手中是销售的初心。农产品直播带货能否成功,最终还是取决于农产品质量的好坏。因此,需要制定严格的国家和行业标准,把好农产品质量关,提升直播带货的信誉,只有这样才能拥有稳定的消费者群体,维持效益。

农产品质量是直播销售持续发展的关键,农产品的生产和经营标准化是质量的重要保证。应采取先进的种养技术,开展生产标准化管理,如做好农产品分级筛选、产品包装等,保证农产品品质的统一,防止出现直播间展示与实际到货商品新鲜度、口感不统一的现象,实现农产品品质等级化、重量标准化、包装规格化。只有保证质量才能获得消费者的青睐,实现自身的长久发展。

同时,对农产品直播带货要加强监管。由于直播带货发展势头强劲,在短时间内迅速崛起,导致各个直播间良莠不齐,暴露出了很多问题,如涉嫌售假、质量低劣、虚假宣传、不退不换等。为此,中国广告协会出台了《网络直播营销行为规范》,有效地抑制了这种市场乱象。但对于整个行业的维护,还远远不够。需要制定出台更加完善、更加全面的直播电商行业标准,让农产品直播有章可循、有据可依。

二、培育专业直播人才,打造特色 IP

尽管互联网技术的进步和手机等移动终端的普及使得人人都可以加入主播行列,但是大部分农民主播文化水平较低,缺乏销售经验和技巧。因此,对农民进行电子商务基本知识、技术技巧以及产品包装和物流等方面的培训,使其熟练掌握直播相关技术操作和直播带货销售技巧就显得尤为重要。

意识决定行为,中国的农民习惯了传统的买卖方式,产品的附加值难以体

现。因此，新时代的中国农民需要提升电商意识，学习电商知识和运营技巧，只有这样才能真正享受到直播带货红利。

要培养本土直播达人，全力打造IP主播。头部主播带货效果好，但仅仅依靠他们，流量始终掌握在别人手里，作为农产品产地的农户和企业自身缺乏主动权。农民主播应力求团队化，要充分利用互联网，打造具有个人特色的IP主播。头部主播之所以受欢迎，往往是由于他们的个人特色鲜明，具有人设标签，个人IP的打造就是将个人价值标签化，放大个人特色，打造个人品牌。IP主播更容易拥有忠实的粉丝团体，能提高粉丝黏性，与用户之间产生更深的情感，为产品销售提供便捷，使产品增值，也就是人们所说的"带货能力"。IP主播可以将粉丝支持转化为消费动力，建立"粉丝经济"。因此，培养IP主播时，要结合当地实际，创造出自身风格、有趣人设，依靠与众不同的魅力来吸引观众，提高农产品直播带货运营能力。

三、健全农产品直播营销体系，做好全流程服务

农产品直播销售并不是简单的买卖行为，而是包含生产、仓储、物流、配送、售后等一系列活动的完整营销体系。

农产品中生鲜产品多，保质期短。为了避免产品出现质量不一、变质损坏的情况，必须建立农产品仓储保险冷链体系。农产品最大的特点就是鲜食性，不耐储藏。一般农户对于如何保存农产品缺乏经验，一旦不能及时销售，农产品很容易变质损坏。针对经济水平落后、交通运输及物质条件较差的农村和边远山区，需要加强冷藏、仓储、物流等资源的有效配置，确保农产品直播带货不仅要把农产品卖出去，而且要高质量地卖出去。

要建立完整的物流运输链，实行标准化运输。农产品生产端准备就绪后，就要考虑如何将产品安全地送到消费者手中，从打包、分批、出仓、运输，一直到"最后一公里"顺利到达。因此，要加快乡村电商普及，农产品直播需要与专业的物流公司合作，为农产品直播夯实传播基础。

在销售行业中，售后服务是生产营销链的重要环节，农产品更是如此。产品不新鲜、品相损坏、质量偏差等现象时有发生。因此，作为生产端的农户个体和地方企业，需要主动配合电商平台，制定合理高效的售后服务方案，及时解决消费者反馈的问题，维护消费者利益，以保证用户的重复购买率。通过市场的反馈，及时发现问题，不断完善升级，才能保证农产品直播健康发展。

农产品直播营销是一个系统工程。经过几年的发展,直播间购物已经成为大众主流购买方式。因此,要打通市场供需信息通道和整个农产品直播产业链,催生电商新经济。

四、创新直播模式,贴合观众需求

要打造特色化的直播内容与风格,展示自身特点。现如今,农产品直播的内容过度雷同,容易造成观众注意力分散、关注度下降,甚至对直播消费产生抵触情绪。因此,无论是农户还是地方企业,在进行直播时都要注意,可以借鉴但不能盲从。只有形式多样、富有特色的直播内容才会获得观众的喜爱,才能从众多的农产品直播竞争中脱颖而出。

农产品直播带货要打造特色品牌,形成他人无法复制的模式。产品的好坏可以通过镜头画面展示,但产品所蕴含的更多价值,也需要主播来讲述。打造特色品牌,可以讲述产品所承载的历史人文典故,赋予产品深厚的文化内涵;可以讲述农产品背后的故事,赞扬匠人精神;还可以尽可能多地制造出传播金句与传播素材。

要建设专业化、特色化、多样化的直播场景。直播带货行业的快速发展注定了其多元化的发展趋势。要在众多的直播间中脱颖而出,吸引更多的观众,除了依靠产品本身,也要注重直播场景的建设。可以拓宽直播场景范围,涉及多样的直播背景,如可以选择田间地头、加工车间,或当地的标志性景点。多种多样、富有特色的直播场景可以将农产品直播中的"物"与"景"有机结合起来,带给观众更丰富的体验,提高消费转化率。

五、全渠道推广,做好宣发工作

农产品直播要选择合适的渠道。无论是淘宝、京东还是天猫、拼多多,都各有优势,并拥有各自相对稳定的客户群体。随着直播带货的流行,社交平台(如微信、微博等)也相继推出了直播业务。这些平台客户众多,客户年龄层跨度大,传播范围广,有利于直播的传播。因此,农产品直播应进行全渠道推广,以扩大传播范围,提升传播效果。

在直播前进行直播预告,并做好相关的宣发工作,能有效吸引观众参与,避免观众因不知情而错过直播,从而使直播效果最大化。

六、利用福利,深化情感认同

农产品直播的快速发展得益于政策的支持。在乡村振兴战略背景下,国家全力推进脱贫攻坚和乡村电商的发展。

当前国家全力推进数字化农村建设,政府大力扶持基层,致力于加快5G、大数据等技术的发展,为乡村建设提供了坚实的发展基础。地方政府和相关企业应积极响应国家号召,出台惠民政策,提供资金支持和技术援助,使农产品直播能够充分利用国家政策的支持,完善整个营销体系。

在社会学研究中,情感认同是社区建设的一个重要维度。情感是连接人们、整合社会分歧、凝聚社会力量、促进社会和谐的黏合剂。涂尔干认为,集体情感往往是通过共有的行为方式表达出来的,可以被理解为一种施加于个体行为之上的道德约束,也可以被认为是一种群体心智。在国家政策的激励下,人人都对支持国家发展充满热情,这种情感认同在乡村发展建设中发挥着重要作用。乡村发展建设需要高度的情感认同,这不仅是政策环境的需要,也是群众内心情感的体现。在乡村振兴战略的鼓舞下,群众的内心情感或多或少会有所波动,这种情感认同对于农产品直播的传播发展极为有利。通过农产品直播间,让观众看到乡村经济发展和文化繁荣,从而深化对整个国家的情感认同,推动情感转化为购买力,有助于维护农产品的持续发展,为其注入源源不断的内生动力。

第六章 "互联网+"视域下的农产品网络营销创新发展

在"互联网+"视域下,农产品网络营销正面临着新的发展机遇与挑战。借助互联网技术和创新思维,农产品企业可以打破传统限制,创新营销模式,提升品牌形象和市场竞争力,实现农产品行业的可持续发展。本章围绕"互联网+"营销、"互联网+"视域下农产品网络营销的 SWOT 分析、"互联网+"视域下农产品网络营销的创新发展对策展开论述。

第一节 "互联网+"营销的认知

一、互联网基础知识

互联网的出现和普及给人类社会带来了巨变,电子商务正是其中之一。几乎所有的电子商务活动都是依托互联网展开的,可以说互联网是进行电子商务活动的基础。掌握互联网基础知识是理解电子商务技术的前提。

(一) 互联网协议

互联网基础协议主要有传输控制协议/网际协议(TCP/IP)、超文本传输协议(HTTP)等。下面分别对这些协议进行介绍。

1. 传输控制协议/网际协议

传输控制协议/网际协议是供已连接互联网的计算机进行通信的通信协议,使网络上各个计算机可以相互交换各种信息。目前,互联网通过全球的信息资源和覆盖七大洲的 160 多个国家和地区的数百万个网点,提供电话、广播、出版、软件分发、商业交易、视频会议及视频节目点播等服务。互联网在全球范围内提供了极为丰富的信息资源,用户的计算机一旦连接到 Web 节点,就进入互联网。

传输控制协议/网际协议定义了电子设备连入互联网的方式,以及数据在设备之间传输的标准。传输控制协议/网际协议采用了4层的层级结构,每一层都通过调用它的下一层所提供的协议来完成自己的需求,这4层分别是应用层、传输层、网络层和网络接口层,其层级结构如下。

① 应用层:各种服务及应用程序通过该层进行沟通,常用的协议有超文本传输协议、简单邮件传输协议和文件传输协议(FTP)。

② 传输层:提供了节点间的数据传送及应用程序之间的通信服务,主要用于数据传输、数据确认和丢失重传等,常用协议有传输控制协议和用户数据报协议(UDP)。

③ 网络层:提供基本的数据封包传送功能,让每个数据包都能到达目的主机,但并不检查数据是否被正常接收,常用协议有互联网协议(IP)、地址解析协议(ARP)。

④ 网络接口层:用于接收IP数据包并进行传输。

2. 超文本传输协议

超文本传输协议是客户端浏览器或其他程序与Web服务器之间的应用层通信协议。其中,超文本是指包含超链接和各种多媒体元素标记的文本,这些超文本文件彼此链接,使用统一资源定位符(URL)来表示链接。

超文本传输协议即按照URL指示,将超文本文档从一台主机(Web服务器)传输到另一台主机(浏览器)的应用层协议,以实现超链接的功能。

超文本传输协议是客户端与服务器端请求和应答的标准(TCP),通常由客户端发起请求,建立一个到服务器指定端口(默认为80端口)的TCP连接,超文本传输协议服务器则在端口监听客户端发送的请求。

(二)互联网协议地址与域名

进行电子商务活动的每台计算机都需要连接Internet,并以唯一的编号或名称为其在Internet的标志。互联网协议地址(IP地址)与域名则是目前常用的计算机标识方法。下面分别对互联网协议地址和域名的相关知识进行介绍。

1. 互联网协议地址

互联网协议地址是网络协议地址。连接在Internet上的每台主机都有一个在全世界范围内唯一的互联网协议地址。互联网协议地址由32位二进制组成,分为4段,每段8位,通常用4组3位的十进制数表示,中间用小数点分开,每组十进制数的范围为0~255。例如,192.168.1.51就是一个互联网协议地址。

互联网协议地址由两部分组成:网络地址和主机地址。网络地址用来标识连入互联网的网络,主机地址用来标识该网络上的主机。

2. 域名

由于数字形式的互联网协议地址难以记忆,所以实际使用中常采用字符形式来表示口地址,即域名系统。Internet 中的每个主机都有一个互联网协议地址和域名。域名系统服务实现了互联网协议地址与域名的对应。域名由若干子域名构成,子域名之间用小圆点来分隔。

域名的层次结构如下:

n 级子域名……三级子域名.二级子域名.顶级子域名

每一级的子域名都由英文字母和数字组成(不超过 63 个字符,并且不区分大小写字母),级别最低的子域名写在最左边,级别最高的顶级子域名则写在最右边。一个完整的域名不超过 255 个字符,子域级数一般不予限制。

例如,某财经大学的 www 服务器的域名是 www.×××.edu.cn。在这个域名中,顶级子域名是 cn(表示中国),第二级子域名是 edu(表示教育机构),第三级子域名是×××(表示某财经大学),最左边的 www 表示此域名对应着万维网服务。

二、"互联网+"营销

"互联网+"营销是一种基于互联网技术和创新的营销模式,它结合了互联网和传统营销的优势,旨在通过互联网渠道和数字化工具来推广产品、服务和品牌,实现更高效、精准、个性化的营销活动。"互联网+"营销的内涵包括以下方面。

(一) 数字化转型

数字化转型是"互联网+"营销的核心内容之一,它鼓励企业利用互联网技术和数字化工具使传统营销转型升级,以适应当今数字化时代的商业环境。通过建立网站、开展电子商务、使用移动应用和社交媒体营销等多种手段,企业可以实现以下目标。

第一,建立网站。企业可以建立专门的网站,展示产品和服务信息,提供在线购买和咨询的渠道,从而提升品牌形象和知名度。另外,网站还可以提供客户服务和支持,改善用户体验。

第二,开展电子商务。借助互联网和数字化工具,企业能够高效地开展电子商务,建立在线销售渠道。消费者可以通过网站或移动应用浏览和购买产品,实现便捷的线上交易,同时企业可以节省传统实体店面的成本。

第三,使用移动应用。随着智能手机的普及,移动应用已成为企业推广和销售的重要渠道。通过开发移动应用,企业可以提供更便捷的购物体验、个性化推荐和定制服务,增加用户黏性和忠诚度。

第四,社交媒体营销。社交媒体平台(如微博、微信、Facebook 等)已成为用户互动和信息传播的重要场所。通过在社交媒体上开展营销活动,企业可以与用户进行直接互动,提升品牌知名度和用户参与度。

(二)创新和变革

"互联网十"营销可以推动企业进行创新和变革,通过引入互联网技术和数字化工具,拓展新的营销方式和商业模式,实现市场颠覆和寻找新的增长点。这种创新和变革主要体现在以下方面。

第一,新业务模式。"互联网十"营销鼓励企业开展新的业务模式,如共享经济、在线教育、在线旅游等。共享经济通过在线平台将闲置资源进行共享,提供更便捷、灵活的服务。在线教育使学习变得更加自主和灵活,用户可以随时随地通过互联网获取知识和技能。在线旅游通过互联网平台提供旅游服务,包括行程规划、预订和评价等,改变了传统旅游的方式。

第二,创新营销工具。"互联网十"营销带来了新的营销工具和渠道。例如,虚拟现实(VR)和增强现实(AR)技术可以为消费者提供沉浸式的购物体验,从而增强品牌吸引力。区块链技术通过增加交易的透明度和安全性,促进消费者信任的建立。智能语音助手和聊天机器人等人工智能工具能够提供更加便捷和个性化的客户服务。

第三,供应链创新。"互联网十"营销可以推动企业在供应链管理方面进行创新。通过互联网技术和数字化工具,企业可以实现供应链的可追溯性和透明性,加快物流和订单处理速度,提高库存管理效率,降低成本,并与供应商和分销商实现更紧密的合作与协同。

第二节 "互联网十"视域下农产品网络营销的 SWOT 分析

一、"互联网十"视域下农产品网络营销的优势分析

(一)"生产十销售"模式,提升流通效率

在农产品生产方面,以物联网技术监控农产品生长环境,提高了农产品生产过程的效率;在农产品销售方面,利用 RFID 芯片进行数据通信,消费者可以

轻松知晓购买产品的生产日期、产地、价格、营养成分等信息,省去了通过其他途径来了解这些产品信息的时间,农产品流通效率大大提高;在采集消费者行为数据方面,通过传感装置及相关的数据分析可对消费者行为进行大数据分析,可以使农户及销售商及时了解消费者需求,进而可以合理科学安排种植及库存,提升整体农产品流通效率。

(二) 双向联动,提高消费者满意度

通过互联网营销,农产品经营及流通企业可通过网络实时获得消费者的相关信息,实时掌握农产品的消费走势,合理进行种植规划。消费者可依据农产品的唯一编码来了解该农产品相关信息及农产品销售方的销量,从而保证所购农产品的安全性。

(三) 信息公开,创造公平营销环境

互联网实现了农产品的信息公开化,编码信息的输入和输出融合到了农产品中,消费者可以通过网络或者手机查询所购买农产品的相关流通信息。互联网农产品营销方式将传统"生产者—多重供应商—消费者"的营销模式转变成"生产者—消费者"的直接营销模式,这种转变为消费者提供了更多的参考因素,解决了因为被不良商家误导而产生的错误购买问题。

二、"互联网+"视域下农产品网络营销的劣势分析

(一) 农产品网络营销水平较低

由于我国互联网技术起步较晚,且部分农产品经营者尚未意识到互联网技术对于农产品营销的重要性,智慧农业相关平台所发挥的品牌效应和规模效应并未显现,传统营销观念在经营者心里根深蒂固,消费者会因价格偏高或不会使用电子化终端产品而选择不接受互联网农产品。大多数农户及企业经营者文化水平有限,对互联网发展认知有限,对技术和新事物的接受能力不够,整体农产品网络营销水平较低。

(二) 农产品网络营销模式不完善

现代互联网新型技术的物联网技术前景广、发展速度快,但由于推广应用成本较高,且技术研究与发达国家相比有较大差距,目前的商业模式不完善且缺乏创新性,所以没有形成双赢局面。尽管现在互联网技术在农产品生产到销售环节有所运用,但是从整个市场生态环境来看,并未呈现高利润低成本的模式,各环节关联较少。互联网产业链比较长,从农产品生产、加工、流通到平台

终端销售,能通过大数据、物联网等技术进行全链条推动的企业较少,目前仅阿里巴巴、京东、网易等能够进行驾驭,普通的农产品经营企业或经营者尚未通过互联网技术及平台发挥作用,无法掌握营销主动权。

(三)互联网设备及科研投入成本高

随着传感技术的深化应用,互联网技术中传感器设备成本高的问题越来越凸显,许多企业在采购电子标签、无人机、自动化仪器等相关设备时,因需投入高额成本而犹豫不决,导致我国整体互联网技术在农产品营销中发展较慢。物联网智能设备及系统需要专业人员研发、运营,建立健全集成系统与相关设备平台都需要投入相应的人工成本,成本与收益常常不匹配,技术准入门槛相对较高,小规模企业或者实力相对处于弱势的农产品销售企业短期内较难实现信息化转型,对于运用高成本的互联网技术实现全链条的运营有较大难度,目前从阿里巴巴最新的农业销售布局来看,全国的农业科技企业仅有1~2家的设备采集系统生产端能与阿里的系统对接,由此可见,实现生产端数字化对接,难度超出预期。

三、"互联网+"视域下农产品网络营销的机遇分析

(一)智慧农业市场挑战与机遇并存

2017年7月,《中国农村发展报告》指出,我国农村目前在全面转型阶段正面临着多重挑战。要加速农村全面转型,让农民拥有更多的财产权利。随着"大众创业、万众创新"理念从城市向农村不断推广,农村创新创业领域已展现出新的创业主体模式和业态,但政策服务体系还不完善、高素质人才缺乏、科技创新力量不足、项目同质化等问题已成为创新创业的难题。

(二)5G网络按下农业互联网发展"加速键"

2019年6月6日,工信部正式发放了5G牌照,我国正式迈入5G时代。无线通信技术的发展带来了深刻的社会变革以及农业商业模式的创新。目前5G技术具有海量大连接、增强移动宽带、低时延高可靠三个典型场景,在智慧种植、智慧农机、智慧畜牧、智慧水产、数字乡村、乡村旅游、网联无人机等方面均有落地方案应用。在智慧种植方面,传感器通过5G网络实时监控影响作物生长的各个因素,包括光照、湿度等,并将采集的数据及时上传到云端,云端后台根据数据做出相应的分析诊断,自动操控设备进行灌溉、施肥,实现精准采集、智能调节、模型输出、智能决策控制、无人机生长状况监测、无人机病虫害监测;

在无人机方面,无人机能通过5G网络远程控制大面积护养、喷洒及监控作业;在智慧畜牧方面,传感器通过5G网络实时采集牲畜的生理情况、位置信息等,结合人工智能手段远程监测并分析其健康和安全情况,有效提升奶牛产奶品质,提升整体经济效益。

四、"互联网+"视域下农产品网络营销的威胁分析

目前我国农村物流的主要特点有覆盖面广、分部零散、无标准化,这使得物流配送体系"进村"的成本高、难度大,且为了保持部分生鲜产品的新鲜度,在配送中需以冷链物流的方式进行保鲜,由于我国冷链物流技术起步较晚且成本高,生鲜类产品的配送有一定难度。

通过以上有关"互联网+"在农产品营销应用中的SWOT分析,我们可以得出以下结论。目前,优势因素有:通过构建"生产+销售"模式,提升流通效率;双向联动沟通,提高消费者满意度;信息公开,创造公平营销环境。劣势因素有:农产品网络营销水平较低;农产品网络营销模式不完善;互联网设备及科研投入成本高。机遇因素有:智慧农业市场挑战与机遇并存;5G网络应用助推农业互联网发展。威胁因素有物流配送问题等。因此,针对"互联网+"农产品网络营销发展提出相应的对策时,应充分考虑SWOT模型下的分析情况,为提出合理的建议和结论奠定基础。

第三节 "互联网+"视域下农产品网络营销创新发展的对策

一、加强通信基础设施建设

随着我国经济的不断发展、优惠政策的不断推出和互联网的广泛普及,新时代对网络基础设施的需求越来越大。根据各大运营商的规划部署,5G网络从2019年开始大规模部署建设,计划到2024年基站建设规模约为500万站。2025年,预计5G专网规模将达到500亿元,人工智能核心产业规模达到4 000亿元,云计算市场规模达到6 800亿元。特别是4G、5G以及NB-IOT物联网的应用范围不断扩大(从IT人才到农民,覆盖范围不断扩大,应用人群不断扩大),对各大通信运营商提出了更高的要求。

农产品企业与通信运营商的合作势在必行。对于农业而言,农业信息化基础设施主要包括农业信息数据的收集、传输、反馈、检测、控制和存储的载体、执行机构和数据库以及管理软件等。通信运营商需大力发展农村基站,不断完善宽带建设,配置性能完善的通信传输系统,为农业互联网营销打下通信设施基础,让农户不出村就能享受便捷、高效的信息服务。

2015年12月18日,在第二届世界互联网大会上,"互联互通"被赋予了新定义。习近平总书记提出的共建网络空间命运共同体五点主张中的第一条就是"加快全球网络基础设施建设,促进互联互通"。加强信息基础设施建设,缩小信息鸿沟,信息资源才能充分共享,从而形成更强大的信息资源。为进一步做好信息资源的管理和应用,各大运营商正在提升数据挖掘、汇聚、运算分析及应用的能力,通过积极搭建应用平台实现各类数据时刻在线共享。信息和数据在产业上下游、协作主体之间以最低的成本进行流动和交换,最大限度发挥价值。政府层面加大了投资扶持力度,鼓励电信企业、物流企业、金融企业等加入农村信息化基础设施建设中,鼓励采用电商平台进行农产品营销活动,建立农业网站共享农业信息,对使用电子商务平台的农户或农产品给予一定的优惠政策及资金扶持。

二、依托大数据溯源

随着"互联网+"不断发展,大数据已成为各个行业发展的重要助推器。传统行业的企业在发展过程中应充分利用与客户相关的数据,并以此为依据实现个性化营销。

通过全方位收集农产品生产各环节的数据,可以分类、分级建立信息库,以此实现农产品安全信息化的监控管理。对于农产品经营者来说,可通过给每种农产品分配对应的"身份证"二维码信息,增强责任意识和提高管控水平,塑造良好的品牌形象和建立良好的信誉;对于消费者来说,可以通过扫描农产品的二维码查询并了解农产品生产加工的每个环节,从而放心消费。农产品营销管理是传统行业中十分重要的组成部分,要实现创新,企业就应积极借助大数据优势,对消费者及农产品相关数据进行分析,促使各方可以及时、准确地做出决策,有效降低农产品滞销风险。对消费者购买数据信息进行分析,明确分辨大客户以及优质客户,以客户画像为依据进行精准的广告投放,有助于实现精准营销。

三、实施电商人才工程,培养新农人及专业管理团队

(一)培养新农人及专业团队,优化劳动力结构

以"互联网+"的方式进行农产品营销活动是目前发展的趋势,具有不可忽视的作用,而营销方式的不断完善,就需要不断提升从事农业生产以及农业销售人员的综合素质,不断优化农业营销人员的劳动力结构。因此,要加大力度推动新型农民的发展,引进学历高、能力强的人才作为技术领头人,加强农民的专业知识及技能培训。农村基层组织需要不断推动现代化农民的培养。

农业人才的发展不仅需要引进人才,还需要不断地培养当地的农业科技人才。通过定期农业知识的培训,可以提升农产品生产者和经营者的综合素质。要对农产品生产人员及团队进行结构优化,从生产到营销环节,不断完善农产品互联网营销。政府部门应定期向农村地区选派优秀农业信息人才。农技推广人员要肩负起为农户进行信息技能培训的职责。农业产业化龙头企业和农村经营大户应主动通过各种网络媒介,向各级信息工作人员和网络用户传授信息采集和开发利用知识,打造一支专业新农人团队。政府层面应当利用发展契机,制定相应的人才引进方案,吸引人才尤其是有一定农业背景的营销人才到农产领域发展。同时,要重视这部分人员的待遇和福利,如提供住宿补助、交通补助、特殊岗位津贴等,以吸引更多优秀人才扎根到乡村。

(二)加强新农具推广使用

在农产品互联网营销发展的背景下,农产品生产基地的现代化、智能化程度越来越高。通过手机终端,可以查看农作物的生长情况、环境与气象信息、设备的运行状态、工人的实时生产状况,也可以远程控制相关设备。手机、计算机、传感器、无人机等"新农具"将逐步取代人力劳动,从根本上改变农业生产方式,从而促进设施农业的产业升级。

目前,无人机已能实现播种、施肥等全程智能化操作,传感器可实现农作物生长不受天气异常变化的影响,实现高效、标准、科学生产。未来,农业生产方式将在智能化设备应用的基础上,通过物联网实现种植的监测、量化、诊断等目标,全面向标准化、集约化转换。因此,推进新农具的使用及先进技术的普遍实施,对于提高农产品生产的标准化程度具有重要意义。

四、构建智慧物流体系

为了推动物流行业对农产品销售的支撑,当前运用互联网思维对物流业

进行改革创新显得尤其重要。通过利用先进设备和系统实现全自动化操作,采用精细、动态、科学的管理方法,可以提高发货效率,改善用户体验。例如,可以利用机器人、无人机、堆垛机、RFID标签识别系统、全自动高层货架和全自动高速分拣机与分拣体系等,推动物流精细化、自动化、智能化。同时,运用大数据准确预测消费者的下单习惯,可以实现及时补货、发货,有效引导农产品销售方提前应对不同阶段的物流压力,提高物流企业应对需求变化的能力。针对生鲜类农产品需采用冷链物流进行运输的问题,可以通过加强共同配送和统筹资源管理来降低成本。例如,根据区域特性制订物流订单配送计划,以降低仓储成本,节省冷链物流处理空间和人力资源,实现物流成本的最小化。

结 束 语

农产品网络营销的创新是当前农业领域的重要趋势,它为农民和农业企业带来了前所未有的机遇和挑战。通过充分利用互联网和先进的科技手段,农产品能够跨越时空的限制,实现与消费者直接对话,提供精准营销和个性化服务。同时,农产品网络营销创新不仅提升了农产品的附加值和竞争力,也推动了农业产业的转型升级。

然而,农产品网络营销的创新需要政府、农业部门和农民共同努力。这包括加强技术培训、质量监管和平台建设。只有通过合作与创新,我们才能不断拓展农产品网络营销的边界,为农民创造更多的收益,为消费者提供更好的农产品选择,为农业的可持续发展贡献力量。让我们携手开启农产品网络营销创新的新篇章。

参 考 文 献

[1] 艾丹丹.基于互联网平台的农产品经营模式分析及选择研究[J].中国农业资源与区划,2016,37(11):170-176.

[2] 蔡蕊.新媒体平台在农产品网络营销中的应用探析[J].中国食品,2023(2):100-102.

[3] 曾坤生.网络时代的农产品市场营销探析[J].农业现代化研究,2000,21(3):175-178.

[4] 崔萌菲.信息时代网络直播中的口语传播研究[J].西部广播电视,2023,44(6):28-30.

[5] 崔艳红.农户视角下农产品滞销的网络营销策略研究[J].农业经济,2016(6):119-121.

[6] 戴佳.基于SWOT分析的互联网保险微信营销模式研究[J].潍坊学院学报,2023,23(1):69.

[7] 董红安.因特网环境下农产品网络营销系统架构研究[J].安徽农业科学,2009,37(1):382-383,388.

[8] 高琳.网络环境下农产品的市场营销策略探究[J].农业经济,2018(7):137-138.

[9] 耿康瑞.论网络直播平台的安全保障义务[J].网络安全技术与应用,2023(6):144-145.

[10] 侯银莉."互联网＋农产品"型网络营销体系构建模式研究[J].商业经济研究,2019(1):68-70.

[11] 李华溢.企业市场营销管理及创新措施[J].现代商业,2022(19):104.

[12] 李家华.农产品营销物流网络及能力配置模型的建构研究[J].物流技术,2014(7):275-277.

[13] 李静."互联网＋"环境下特色农产品网络营销策略研究[J].农业经济,

2016(7):143-144.
- [14] 李娟.电子商务环境下的农产品营销物流问题及对策分析[J].价格月刊,2016(11):92-94.
- [15] 李秀兰,姜岩,张天维.辽宁农产品电子商务发展问题研究[J].农业经济,2014(11):124-126.
- [16] 梁广东."互联网+"背景下黑龙江省农产品网络营销体系构建[J].黑龙江畜牧兽医(下半月),2017(9):285-287.
- [17] 刘铁民,周静.网络环境下我国新型农产品营销模式探析[J].改革与战略,2012,28(6):89-92.
- [18] 马小红."互联网+"环境下特色农产品的网络营销策略探究[J].中国商论,2020(4):77-78.
- [19] 宁毅.企业市场营销策略研究[J].全国流通经济,2021(2):23.
- [20] 曲蓉蓉.基于"互联网+"的网络直播营销风险探讨[J].商场现代化,2023(4):31-33.
- [21] 邵可政.企业市场营销策略研究[J].现代经济信息,2021(12):173.
- [22] 邵敏.网络直播在江西省农产品电子商务发展中的运用分析[J].商展经济,2023(5):63-65.
- [23] 邵培松.基于网络直播的网络营销模式及策略初探[J].新闻爱好者,2023(2):60.
- [24] 宋斌.网络时代农产品新媒体营销策略研究[J].农业经济,2023(2):132-133.
- [25] 孙剑,李崇光.论网络经济对我国农产品营销的影响[J].商业研究,2002(3):112-114.
- [26] 孙毅.电子商务环境下农产品网络营销策略浅析[J].农业经济,2014(12):139-140.
- [27] 唐光海.农产品网络集群营销模式与对策研究[J].湖北农业科学,2014,53(2):463-465.
- [28] 陶应虎.与市场经济相适应的农产品网络营销体系的构建[J].安徽农业科学,2010,38(24):13478-13479,13482.
- [29] 王斌.浅议农产品在网络营销上的发展[J].农业经济,2012(10):91-92.
- [30] 王彩虹.网络社群视角下农产品营销策略阐述以及讨论[J].中国食品,2022(11):148-150.

[31] 王凤旭,贾保先.电子商务环境下农产品网络营销策略研究[J].安徽农业科学,2012,40(4):2391-2392.

[32] 王燕.以网络营销促进农产品销售的难题探析[J].农业经济,2014(2):114-115.

[33] 魏文川,魏诗雅.网络促销工具对农产品营销绩效的影响研究[J].江苏商论,2011(2):62-64.

[34] 肖建玲.现代农产品营销网络体系典型模式比较研究与启示[J].扬州大学学报(人文社会科学版),2011,15(1):75-78.

[35] 徐汉柱,朱向平.新型农产品营销体系与现代物流网络的构建[J].核农学报,2020,34(11):15.

[36] 徐怀宇.浅析农副产品网络营销的发展趋势[J].农业经济,2013(11):125-126.

[37] 杨凯."互联网＋"时代的来临与农产品营销渠道的发展[J].农业经济,2016(4):122-124.

[38] 杨梦鸽.新媒体在农产品网络营销中的应用探析[J].中国食品,2022(11):142-144.

[39] 于建华,刘亚琼.网络直播治理政策的演进及解构[J].河南工业大学学报(社会科学版),2023,39(2):109-116.

[40] 余亚红,徐士元.基于网络直播方式的农产品营销策略研究[J].安徽农业科学,2021,49(12):230-232.

[41] 张迪.《广告法》视阈下我国网络广告规制问题研究[J].今传媒,2023,31(4):113.

[42] 张立恒.我国农产品营销渠道发展现状及创新路径[J].商业经济研究,2022(7):67-69.

[43] 张晓波.互联网时代农村物流网络体系构建探析[J].商业经济研究,2020(9):119-121.

[44] 张玉洁,钟彬.网络直播营销的法律规制研究[J].重庆科技学院学报(社会科学版),2023(2):57-63.

[45] 郑亦麒."互联网＋农产品"型网络营销效果提升策略[J].农业经济,2016(4):138-139.

[46] 周海琼,任全玉,刘洋.特色农产品网络营销渠道开发研究[J].中国商论,2018(36):54-55.

[47] 邹群."互联网+"背景下农产品市场营销策略[J].安徽农业科学,2019,47(12):231-232,235.

[48] 程明.数字营销传播导论[M].武汉:武汉大学出版社,2022.

[49] 张忠根.农业经济学[M].杭州:浙江大学出版社,2016.